소액 부동산 투자가 정답이다

평생 월급 가져다주는
소액 부동산 투자가 정답이다

초 판 1쇄 2019년 04월 18일
초 판 3쇄 2023년 01월 10일

지은이 제승욱
펴낸이 류종렬

펴낸곳 미다스북스
총괄실장 명상완
책임편집 이다경

등록 2001년 3월 21일 제2001-000040호
주소 서울시 마포구 양화로 133 서교타워 711호
전화 02) 322-7802~3
팩스 02) 6007-1845
블로그 http://blog.naver.com/midasbooks
전자주소 midasbooks@hanmail.net
페이스북 https://www.facebook.com/midasbooks425

© 제승욱, 미다스북스 2018, *Printed in Korea*.

ISBN 978-89-6637-659-9 03320

값 15,000원

미다스북스는 다음세대에게 필요한 지혜와 교양을 생각합니다.

평생 월급 가져다주는

소액 부동산 투자가 정답이다

제승욱 지음

미다스북스

추천의 글

부동산학이 우리나라에 도입되어 학문적 체계를 형성하기까지 반세기가 흘러가고 있는데 이제 약 50년 정도의 그리 길지 않은 학문적 역사를 지니고 있음에도 불구하고 우리 삶에서 가장 실용적인 학문 중의 하나로 관심을 끌고 있다.

이런 부동산학은 인류사회와 부동산의 관계 속에 존재하는 논리적이고 지속적인 규칙성을 발견하여 이론화하는 데 목적이 있다. 따라서 부동산학은 부동산 활동을 바람직하게 전개하여 부동산과 인간과의 관계를 개선하고자 하는 노력으로서 인간사회 속에서 부동산 활동에서 발생하는 문제를 그 어떤 학문보다도 실용적인 관점에서 바라보고 있다고 할 수 있다.

이런 추세에 따라 부동산학도 과거의 법규, 제도 등의 관점에서 이제는 투자, 개발 등의 실용적인 추세로 변화해 가고 있다. 이 책의 저자인 제승욱 박사는 추천인이 만나고 어울린 수많은 부동산 업계의 전문가들 중에서 최근의 부동산 학문의 추세를 가장 잘 실천하고 있다고 평가하고 싶다.

부동산 사업가로서 많은 실무적 지식을 가지고 있으면서도 부동산학의 이론적인 분야의 무장을 위해 부동산학 석사와 부동산학 박사 과정을 수년간에 걸쳐 각고의 노력으로 우수하게 마쳤다. 수년간의 학창시절 연구 활동 기간에는 많은 부동산 실무 지식을 바탕으로 탁월한 연구 성과도 이루어서 타의 모범도 되었었다.

겸손하면서도 결코 어리석지 않았다. 추천인과 함께하는 모임의 리더로서는 사려 깊고, 유머스러움과 자신감에 차 있었다. 아울러, 어느 위치에 있든 최선을 다하는 모습은 감동 그 자체였다.

이런 모습으로 비춰진 이 책의 저자인 제승욱 박사가 서술한 본 저서는 본인의 삶과 비교하여 결코 다르지 않은 소액으로 실천하는 부동산 투자법과 돈이 돈을 버는 부동산 투자 시스템을 통한 부동산 투자 성공 노하우를 알려주고 있다.

추천인이 읽어보고 참고로 한 무한히 많은 부동산학의 책들 중에서 으뜸이라 할 수 있을 정도로 그 어느 저서보다도 훌륭한 저서를 출판했다고 평가한다.

본 저서는 우리가 언론과 방송 그리고 각종 서적을 통해 귀와 눈에 익었던 부동산 투자와 부동산 재테크 노하우 등을 바탕으로 모두 5개의 장으로 구분하여 독자들로 하여금 부동산을 이해하기 쉽게 정리하였다.

제1장 "부동산은 부의 추월차선이다", 제2장 "부동산 투자에 대한 편견 깨부수기", 그리고 제3장에서는 "부동산 투자하기 전에 꼭 알아야 할 것"과 제4장에서는 "평생 월급을 가져다주는 부동산 투자 시스템" 및 마지막 제5장에서는 "지금 당장 부동산 투자를 공부하라"에 대해 서술하면서 저자 제승욱 부동산학 박사가 이론보다는 실무와 임장 활동 등을 통해 더 강조하고 싶은 부동산 투자법을 정리하여 우리에게 전달해 주고자 노력하였다.

본 저서를 부동산 이론을 바탕으로 부동산 투자에 관심을 가지며 실천적인 부동산 활동을 지향하여 재테크 성공을 만들고자 하는 모든 독자에게 적극 추천하면서 본 저자의 지도교수로서 제승욱 부동산학 박사의 남다른 노력과 재주에 큰 갈채를 보낸다.

동의대학교 부동산대학원 원장 강정규

(국내 1호 부동산학 박사)

프롤로그

부자가 되는 지름길, 부동산에 있다

여러분은 혹시 월요일이 두려운가? 일주일 중 금요일에 기분이 좋았다가 토요일에 정점을 찍고 일요일 주말 연속극이 끝날 때쯤이면 머리가 아프지 않은가? 이 시대의 직장인이라면 누구나 공감하는 이야기다. 월요일이 두렵다면, 월요일이 미치도록 오지 않길 바란다면 여러분은 인생을 다시 한 번 되돌아봐야 한다. 잘 살고 있지 않기 때문이다.

지금 이 시간에도 직장인들은 회사에서 열심히 일을 하고 있다. 누구나 열심히 일을 하는데 여러분은 부자가 되지 못한다. 비단 이런 일이 여러분에게만 있는 것은 아니다.

나는 가난한 가정에서 태어나 근면·성실의 대명사인 우리 부모님 밑에서 자라났다. 그러나 열심히 산다고 부자가 되는 것은 아니라는 것을 몸소 깨우쳐주신 부모님처럼 살지 않겠다고 생각했다. 커서 꼭 부자가 되겠다는 꿈을 가지고 성장했다.

모든 사람이 이제 부동산은 끝났다고 생각할 때 부자들은 아주 싼값에 부동산을 매입하고 때를 기다린다. 그러면 거짓말처럼 부동산 가격이 오르기 시작한다. 그들이 요술쟁이인 것일까? 아니면 공부를 많이 한 천재일까? 둘 다 틀렸다. 그들은 우리와 똑같지만 단지 경제 사이클을 정확히 알고 있는 것이다. 예전에도 그랬다.

그러나 일반 사람들은 부동산 투자를 하지 못한다. 왜 부자들은 부동산 투자를 하고 일반 사람들은 부동산 투자를 못하는 것일까?

그 이유는 두려움 때문이다. 열심히 모은 종잣돈을 투자했는데 아파트 가격이 떨어지면 큰일나기 때문이다. 남편 혹은 아내 몰래 모아놓은 비자금으로 부동산 투자를 했는데 하필이면 내가 산 이후 가격이 떨어질까봐 두렵기 때문이다.

두려움은 왜 생기게 될까? 잘 모르기 때문이다. 만약 내가 잘 알거나 과거에 투자를 해서 돈을 벌어본 경험이 있다면 두렵지가 않다. 그러나 처음 투자를 하는 사람들은 부동산 시장이 언제 어떻게 변할지 모르기 때문에 두려운 것이다.

그럼 이런 두려움을 이겨낼 수 있는 방법은 없을까? 당연히 있다. 그러나 시간이 필요하다. 부동산 공부를 하고 성공한 선배의 책을 통해 간접 경험을 해야 한다. 그리고 재테크 강의도 열심히 들어야 된다. 동기 부여가 되기 때문이다.

나는 아버지의 권유로 산 아파트 분양권을 날리면서 투자 실패를 경험했고 그 일을 계기로 부동산 투자를 하게 되었다. 나의 피 같은 돈을 아버지의 말만 믿고 투자했던 나의 무지 때문이었다. 당시 처음에는 부동산을 쳐다보기도 싫었다. 그래서 유행하던 주식과 펀드 투자에 올인했는데 또 실패했다. 주식과 펀드는 내 의지와는 상관없이 시장의 변화가 너무 심해서 우리 같은 개미가 돈을 버는 시스템이 아니라는 것을 알게 되었다. 그래서 다시 부동산 공부를 시작했고, 부동산 투자 관련 책들을 읽기 시작했다. 그리고 재테크 강의를 들으면서 부동산에 대한 눈을 뜨기 시작했다.

눈물 없이는 들을 수 없는 종잣돈 모으기로 생애 첫 부동산 투자를 했고 그 후 지금까지 그렇게 살고 있다. 그동안 부동산 투자와 강의를 꾸준히 병행하면서 이 시대의 많은 젊은이와 부동산 투자 초보자에게 희망을 주고 있다. 나와 같은 시행착오를 겪지 않기 위한 방법을 알려주고 싶은 것이다.

나는 이 책에서 왜 회사를 다니는 직장인들이 부동산 투자를 해야 하는지, 왜 부동산 경기가 안 좋을 때 투자를 해야 하는지를 이야기한다. 그리고 부자가 되는 지름길이 부동산 투자에 있다는 것을 숱한 경험과 사례를 통해 제시하고자 한다.

부디 이 책을 덮을 때는 여러분의 부동산 투자 마인드가 바뀌어 있길 고대한다. 아울러 이 시대의 꿈을 포기하고 사는 많은 사람에게 소액 부동산 투자를 시작하라고 고하고 싶다. 열심히 살지만 부자가 되지 못한다고 생각하는 사람들에게 이 책이 조그만 희망이 되기를 바란다.

2019년 봄

제승욱

목차

PART 1 부동산은 부의 추월차선이다

부동산은 부의
추월차선이다

01

고민 끝에는 결국 부동산 투자

진정한 개혁은 미래에 대한 투자다.
—루터(독일의 종교개혁자, 신학자)

가난하다고 꿈조차 가난할 수 없다

나는 부산에서 태어나 어려운 집안 환경에도 열심히 사시는 부모님 밑에서 자랐다. 그러나 열심히 산다고 부자가 되지 못한다는 것을 깨우쳐주신 부모님처럼 살고 싶지 않았다. 항상 아껴야 되고 추운 겨울철에도 보일러를 아끼기 위해 두꺼운 옷을 입고 자야 했다. 그 당시 주택은 정말 우풍이 심해서 방바닥은 뜨거운데 공기는 차가워서 부모님은 마스크를 쓰고 주무셨다. 나는 어릴 때 소원이 겨울에 반팔 옷을 입고 잠을 잘 수 있는 아파트에 사는 것이었다.

맞벌이 하시는 부모님 때문에 나는 할머니 밑에서 사랑을 듬뿍 받으며 초 · 중 · 고를 부산에서 졸업하고 부경대학교 표면공학과에 입학했다. 그러나 1학년 동안 과대표를 한다고 놀기만 하다가 반강제로 휴학을 하고 군 복무를 하러 인천 부평구 산곡1동에 있는 제6보급창에서 군 생활을 했다. 거기에 좋은 대학을 다니는 선임과 후임들이 많았는데 그들의 인생 상담을 통해 제대 후 나는 적성에 맞는 호텔 경영의 꿈을 이루고자 경주대학교 관광학부에 다시 입학했다.

경주에서의 생활은 너무나 달콤했다. 국립대 공대를 다녀본 이들은 누구나 공감할 것이다. 이 세상 인류는 남자와 여자, 공대 여자 세 종류가 있다고 했다. 여학생 수가 월등히 적기 때문에 졸업할 때쯤이면 여학생이 남성화되는 것이다. MT 사진을 자세히 보지 않으면 남자와 여자가 구분이 안 되는 곳이 공대 생활이었다. 그러나 다시 들어간 경주대 관광학부는 호텔경영과 관광개발 및 외식사업을 꿈꾸는 전국의 대학생들이 모이는 곳으로, 나는 군 제대 후 들어갔으니 24세에 대학교 1학년 생활을 해야 했다. 그때 내 별명이 '제 교수'였다. 1학년 동기들과 나이 차이도 났지만 잘 모르는 것이 있으면 편하게 물어보는 동생들이 많았다. 그때의 말이 씨가 되었는지 지금 내가 교수를 하고 있는 것을 보면 참 재미있다.

3학년 여름방학 때 도서관에서 학과 교수님을 만났다. 방학이라 조용한 도서관에서 공부를 하고 있던 나는 학과 교수님이 너무나 반가웠다.

차를 마시면서 교수님은 필리핀에 있는 선배가 여행사를 하는데 관광 가이드가 필요하다고 했다면서 나에게 적극 추천하셨다. 교수님의 권유로 나는 필리핀 마닐라에 가서 적성에 맞는 관광 가이드 일을 하게 되고 인생 최고의 행복을 누렸다. 그때 같이 필리핀에 갔던 동기가 지금의 아내다.

우리는 멀고도 험한 이국땅에서 같이 고생하면서 사랑을 키웠다. 4년 동안 필리핀에서 살면서 인생 40년 정도의 인생 스토리를 만들었다. 저녁을 먹다가 불이 나서 여권과 지갑만 챙겨서 탈출한 경험, 가이드를 하면서 지금도 잊지 못하는 자갈치 어머니들의 단체 관광 이야기, 유명한 연예인의 가이드 이야기, 이름만 말하면 알 수 있는 거물급 정치인의 가이드 이야기 등 재미있는 내용이 많다. 그런데 둘이서 열심히 돈을 모으고 있던 찰나에 아버지의 계속되는 국내 취업 권유로 필리핀 생활 4년 만에 국내로 복귀했다. 그러나 그것은 취업 사기였다. 아버지의 지인이 아들과 며느리 될 사람을 취업시켜 준다고 돈을 받고 잠적한 것이었다. 우리는 4년 동안 필리핀에 있으면서 국내 사정을 너무나 몰랐다. 그리고 아버지의 말만 믿고 한국행을 결심한 게 실수였다. '엎친 데 덮친 격'으로 아버지의 권유로 투자했던 분양권이 미분양되어 계약금의 10%를 돌려받지 못하는 투자 실패도 맛보았다.

당시 내 인생은 왜 이렇게 안 풀리는지, 정말 절망스러워서 술도 많이 먹었다. 나에게 처음 부동산 투자와의 인연은 미분양 아파트 분양권을 샀던 것이다. 나중에 알게 된 사실이지만 내가 산 분양권은 팔 수도 없는 물건이었다. 38층 중 10층에 거실이 북향이라 햇볕도 들지 않는, 사람들이 제일 선호하지 않는 아파트였던 것이다. 사실 내가 부동산을 본격적으로 공부한 동기가 바로 이 아파트 분양권 투자 실패이다.

그래서 부동산 경매를 시작으로 틈틈이 부동산 관련 책을 읽으며 공부를 하기 시작했다. 그리고 본격적으로 부동산을 공부하기 위해 부동산 대학원에 문을 두드리는데 대학원에 떨어졌다. 그래서 부동산 관련 최고의 시험인 공인중개사와 주택관리사를 2년에 걸쳐 공부를 했다. 그때 내 인생 최고의 고비가 찾아왔다. 당시 아버지의 취업 사기와 분양권 투자 실패로 인해 한국에 귀국하면서 직장도 없고 미래가 없던 나에게 둘째 딸 윤아가 태어났다. 4년 동안 필리핀 가이드를 하면서 벌어놓은 돈을 2년간 공부하면서 생활비로 다 써버렸기 때문에 공인중개사와 주택관리사 시험은 나에게 일생일대의 중요한 시험이었다. 다행히 운 좋게 합격을 하고 다시 동의대 부동산 대학원에 입학하게 되었다. 그리고 종잣돈을 열심히 모아서 부동산 소액 투자를 통해 월세 수익과 시세 차익도 남기게 되면서 두 마리 토끼를 잡게 되었다.

지금도 계속 부동산 투자를 하고 있지만 그 당시의 부동산 투자는 정말 처절했고 간절했다.

부동산 투자의 시작, 소액 투자가 답이다

종잣돈이 많이 없는 나에게는 소액 투자가 답이었다. 초기 비용이 적게 드는 물건만 골라서 경매나 급매를 통해 대출을 활용해서 투자했다. 나는 지금도 20평 전후의 매매가 1억 전후, 방 3개 있는 소형 아파트와 맨션, 빌라 등에 투자하는 것을 선호한다. 방이 3개 있는 소형 주택은 가장 수요층이 많다. 20평 전후의 소형 아파트는 혼자 살아도 되고 신혼부부가 살아도 되고 아기가 있는 젊은 부부도 살 수도 있다. 심지어 식구가 4명인 사람도 거주할 수 있기 때문에 임대가 잘되고 매매가 잘된다.

그리고 나는 집을 사면 반드시 수리를 했다. 도배와 장판은 기본이고 싱크대는 무조건 바꿨다. 그리고 베란다 도색은 내가 직접 했으며 화장실은 너무 오래 되었으면 수리했다.

요즘 부동산에 집을 보러 오는 사람의 90%는 여자다. 여자들은 집을 보러 오면 제일 먼저 싱크대부터 본다. 본인이 제일 사용을 많이 해야 하기 때문에 깨끗하고 예쁜 싱크대를 선호한다. 또한 수리한 집은 공인중개사들이 제일 먼저 손님 안내를 하게 되어 있다. 그런 물건은 빨리 팔리거나 임대되기 때문에 서둘러야 하는 것이다. 부동산에 투자해본 사람은 누구나 공감할 것이다. 투자하고 제일 속상한 것이 은행 이자는 매달 나가는데 공실로 오래 동안 남아 있는 것이다. 내가 들어가 살 수도 없고 관리비도 매달 나가야 되니깐 속이 타들어간다.

나는 부동산 투자 후 수리할 때 비용을 줄이고자 내가 할 수 있는 일은 직접 했다. 특히 베란다 도색은 이제 수준급이다. 보통 흰색으로 색칠 공부하듯이 칠하면 되는데 천장을 칠할 때가 제일 힘들다. 페인트가 온몸에 튀기 때문이다. 그런데 비용을 아끼는 장점은 있지만 아이들과 있는 시간이 줄어든다는 단점이 있었다. 나는 주말이면 가족과 드라이브를 가더라도 경매 물건을 검색하고 입찰할 물건을 보러 갔다. 당연히 그 당시 두 딸은 불평불만이 많았다.

큰딸이 일곱 살 때인가 크리스마스 이브였던 것으로 기억난다. 공휴일이 겹쳐서 3일간 쉬는 날이었는데 3일 내내 아내와 같이 아파트를 청소하고 베란다 도색을 하면서 지낸 기억이 난다. 우리가 일하고 있으면 아이들은 자기들끼리 놀다가 일이 길어지면 투정을 부렸다. 그때 큰딸인 윤서가 한 말이 아직도 가슴이 저리게 한다. "아빠, 남들은 다 놀러가고 맛있는 것 먹으러 가는데 우리는 이게 뭐야! 재미없어. 아빠 미워!" 그때 그 말에 갑자기 눈물이 핑 돌았다. 책을 쓰고 있는 지금도 그때를 생각하면 울컥한다. 그때 그토록 절박했던 아빠의 마음을 알아주기를 바라지 않는다. 다만 자식들이 나보다 더 편안하고 행복하게 사는 게 나의 행복이고 보람이다. 내가 세상에서 가장 잘한 것 3가지가 있다. 첫째는 아내를 만난 것이고, 둘째는 담배를 배우지 않은 것이고, 세 번째가 부동산 투자를 30대 초반에 알게 된 것이다. 부동산 투자는 시간과의 싸움이다. 하루라도 빨리 부동산 투자의 길을 걸어야 한다. 지금도 늦지 않았다.

투자 핵심 요약
01 결국은 부동산 투자가 답이다

　가난하다고 꿈조차 가난할 수 없다. 어려운 환경 속에서 인생 역전을 이룬 흙수저들은 주변에 많다. 그들은 남들보다 더 노력하고 더 열심히 살았다. 결국은 부동산 투자를 통해 인생 역전을 이룬 사람들이다.

02
열심히 사는데 왜 늘 돈이 없을까?

누구에게나 친구는 어느 누구에게도 친구가 아니다.
—아리스토텔레스(고대 그리스의 철학자)

열심히 일한다고 부자가 되는 것은 아니다

우리 주변에는 정말 열심히 사는데 형편이 나아지지 않은 사람들이 너무나 많다. 정말 불공평한 세상이다. 옛말에 '하늘은 스스로 돕는 자를 돕는다.'고 했다. 그런데 요즘은 하늘보다 땅값이 더 비싸서 하늘이 돕지 않는 것 같다.

우리 부모님은 누구보다 열심히 사셨다. 내가 어릴 때 맞벌이를 하셨는데 새벽 일찍 출근하셨다가 밤늦게 돌아오셨다. 그리고 주말과 공휴일에도 회사를 가는 날이 많아서 나는 부모님과의 추억이 거의 없다. 이렇게 열심히 사셨으니 우리 부모님은 노후에 부자가 되어 있어야 한다. 그러나 부자가 아니다. 그냥 평범하게 집 한 채와 연금 등으로 살아가신다. 예전이나 지금이나 별 다른 게 없다.

우리가 학교에 다닐 때 선생님은 '부지런한 놈은 뭘 해도 먹고 산다.'며 근면과 성실을 유난히 강조하셨다. 정말 선생님의 말씀이 옳았다. 먹고 살고는 있으니 말이다. 우리가 원하는 것은 먹고 사는 게 아닌 잘사는 것이다. 지금 당장 회사에 잘려도 걱정 없이 가족이 잘사는 것을 말한다.

내가 부동산 투자를 시작할 때 감명 깊게 읽은 책이 바로 로버트 기요사키가 쓴 『부자 아빠 가난한 아빠』라는 책이었다. 이 책은 부자였던 친구의 아버지와 가난하지만 열심히 공부했던 자신의 아버지를 비교하면서 쓴 금융·경제 관련 자기 계발서다. 여기서 저자는 '친구의 아버지는 부자이고 나의 아버지는 가난하게 사는 이유가 뭘까?'라는 의문에서 책을 시작한다.

결국 그 이유는 친구의 아버지는 돈이 들어오는 시스템을 만들어놓았고 자신의 아버지는 그런 시스템을 만들지 못했기 때문이었다. 부자 아빠는 주말에 쉬거나 겨울에 휴가를 다녀와도 투자한 돈이 쉬지 않고 계속 그 아빠를 위해 일했다. 그러나 가난한 아빠는 일을 해야만 돈이 들어오는 시스템이었다. 즉 가난한 아빠는 일을 하지 않으면 월급을 받지 못했던 것이다.

우리나라에는 부자가 너무나 많다. 전국 어느 도시든 차를 타고 가보면 높은 빌딩과 멋진 상가 건물과 아파트가 즐비하다. 한강의 뷰가 보이는 아파트, 해운대 백사장을 자기 마당처럼 쓰는 아파트 등 전부 주인이 있다. 그러나 그렇게 많은 아파트와 건물 중에서 내 것이 하나도 없는 사람은 마음이 아플 뿐 아니라 허탈감과 소외감마저 든다. 그리고 또다시 이른 아침에 알람이 울리면 급하게 회사에 갈 준비를 하고 하루를 바쁘게 살아간다.

그러나 부자들은 어떠한가? 부자들은 여유가 있다. 절대 서두르지 않는다. 어떤 부자들은 게으르기까지 한다. 그렇다고 열심히 살지 않는 것이 아니다. 선택과 집중을 할 때 엄청 노력한다. 아니, 그들은 마음에 드는 부동산이 나오면 뒤도 안돌아보고 계약을 한다. 그들은 부동산이 자기에게 돈을 벌어주는 시스템이라는 것을 정확히 알고 있는 것이다.

여러분은 아프리카 세렝게티 국립공원을 아는가? 거기에는 무수히 많은 동물이 약육강식의 세계를 형성하며 사는데, 육식동물과 초식동물은 완전 다르게 생활한다. 초식동물은 누워서 잠자는 시간 빼고 하루 종일 풀을 찾아 이동해야 한다. 하루라도 풀을 먹지 않으면 죽을 수도 있다. 그러나 육식동물인 사자는 낮에 하루 종일 잠만 잔다. 그리고 밤이 되면 먹이를 찾아 한 번에 집중하여 먹이를 잡는다. 여러분은 인생을 어떤 종류로 살고 싶은가? 나는 육식동물인 사자가 되고 싶다.

내가 이런 말을 하면 "사자들이 사냥에 무조건 성공하는 것은 아니지 않느냐?"라고 반문하는 사람도 있을 것이다. 맞다. 사자라고 무조건 100% 사냥에 성공할 수는 없다. 때론 실패해서 넘어지기도 하고 큰 부상을 당하기도 한다. 그러나 사자들은 또 도전해서 목표를 이루어낸다. 나는 사자와 같은 육식동물을 부자에 비유한다. 너무나 닮은 점이 많기 때문이다. 내가 아는 모든 부자는 부동산 투자에서 실패한 경험이 있다. 그러나 실패에서 교훈을 찾아 다음에는 절대 실패하지 않는다. 오히려 더 큰 수익을 창출하기도 한다.

사회 초년생이 주의해야 할 3가지

요즘 젊은 친구들을 보면 가슴이 찡하다. 대학 졸업 후 첫 직장을 구하는 데 너무나 시간이 많이 걸린다. 원서를 100군데 넣으면 한두 군데 면접을 보러 오라고 할 정도라니 그들은 취업이 너무 힘든 사회에 살고 있다. 그런데 이렇게 힘든 과정을 거쳐 첫 직장에 다니는 젊은 친구들이 특히 조심해야 할 몇 가지가 있다.

첫째, 자동차를 사지 말아야 한다. 첫 직장에 들어가서 사회적 지위와 체면 때문에 신형 자동차부터 사는 사람이 너무나 많다. 자동차 열쇠를 받는 순간 중고 자동차가 되고 3년이 지나면 처음 차 값의 반이 된다고 보면 된다. 그리고 자동차는 부채이다. 길바닥에 쓰는 돈이라고 보면 된다. 자동차를 타고 다니기 위해서는 기름을 넣어야 하고 보험을 들어야 하고 정기적으로 차량 검사도 받아야 한다. 전부 돈이다. 나는 부동산을 사고 나서 집값이 올라 부자가 되었다는 소리는 들어 봤어도 자동차 사서 부자 되었다는 소리는 들어본 적이 없다.

둘째, 최대한 본가에서 분가하지 말아야 한다. 첫 직장을 구하자마자 회사 근처의 오피스텔이나 원룸으로 분가하여 나오는 사람들이 많다. 이제 홀로서기를 시작하려는 마음은 충분히 이해한다. 하지만 부모님이 "이제 분가해."라고 할 때까지 꾹 참고 살아야 한다. 자취생활은 안 해본 사람은 모른다. 처음에는 자유와 나만의 공간에 대한 환상에 빠져 살지만 그것은 한 달이면 충분하다. 밀린 빨래에 설거지와 청소까지 스스로 책임지고 해야 할 것이 너무 많다. 금방 엄마 품이 그리워질 것이다. 그리고 요즘 오피스텔이나 원룸의 월세 값은 너무나 비싸다. 부대시설과 관리가 잘되어 있다 보니 관리비도 비싸서 신입 연봉으로 감당하기는 만만치 않다.

셋째, 수익의 60%는 무조건 저축해야 한다. 저축의 중요성은 백 번 강조해도 지나치지 않다. 결혼하기 전 종잣돈을 모으는 것은 부자의 지름길이다. 결혼하기 전에 종잣돈을 얼마 모으는지에 따라 인생의 후반부 누릴 행복의 크기가 결정된다고 해도 과언이 아니다. 종잣돈을 모아서

24평짜리 신혼집을 장만할 수도 있고 수익형 부동산에 투자를 해서 월세 수익을 창출할 수도 있다.

누구보다 열심히 일했는데 왜 늘 돈이 부족할까? 돈을 많이 벌면 돈을 쓰는 씀씀이도 커지기 때문이다. 아니면 돈이 돈을 벌 수 있는 시스템을 만들어놓지 않았기 때문이다. 내가 일을 하지 않아도 투자해놓은 부동산이 일을 해서 매달 돈을 벌어다주는 것이다. 또 투자해놓은 부동산 가격이 올라 매매차익을 실현하면 큰돈을 만질 수도 있을 것이다. 문제는 '무작정 열심히'가 아닌 '무엇을 열심히' 했는가에 달려 있는 것이다. 즉, 속도가 아닌 방향이다.

투자 핵심 요약
02 부자 시스템을 만들기 위해 노력하라!

열심히 일만 한다고 부자가 되는 것은 아니다. 부자 시스템을 만들기 위해 결혼 전부터 종잣돈을 모아야 한다. 그것을 위해 첫 직장을 다니면서 주의해야 할 것이 있다. 첫째, 자동차를 사지 마라. 둘째, 최대한 본가에서 분가하지 마라. 셋째, 수익의 60% 이상은 무조건 저축하라.

03
월세 받으며 사는 부자를 꿈꾼다

인간은 아는 만큼 느끼고 느끼는 만큼 보인다.
－유홍준(교수, 미술평론가)

누구나 월세를 받는 부자가 될 수 있다

'나도 월세 받고 싶다. 정말 진짜로 받고 싶다. 월급 통장에서 매달 말일에 입금되는 돈이 아닌 추가로 꼬박꼬박 월세를 받고 싶다. 월세가 통장에 들어오면 어떤 느낌일까?' 많은 이들이 이런 생각을 할 것이다. 나는 그 느낌을 안다. 월세를 받아봤고 지금도 받고 있으니 말이다. 월세가 입금되면 문자가 울린다. 무심코 핸드폰을 열어보면 월세가 입금되어 있다. 바쁜 생활 속에서 오늘이 월세 받는 날인지 모르고 있다가 입금이 되면 나도 모르게 미소가 번지고 용기가 생기는 것 같다. 아무리 내가 기분이 좋지 않아도 그때 잠깐 기분을 전환할 수 있어 행복해진다. '나처럼 몇 군데가 아닌 수십 군데에서 월세가 입금되는 사람은 기분이 어떨까? 아니, 매일 월세가 입금되는 사람은 얼마나 행복할까?' 잠시 상상만으로도 기분이 좋아지고 행복해진다.

예전에 사업상 알게 된 지인들 때문에 목돈을 주면 연 24% 이자를 주는 곳이 있다고 해서 사무실에 간 적이 있다. 거기는 약품 도매 회사였는데 약품을 대량으로 구입해야 저렴하게 살 수 있어서 투자금을 모으고 있었다. 그리고 싸게 산 만큼 물건을 팔면 그에 대한 수익을 이자로 주는 방법이었다. 즉 1,000만 원을 맡기면 한 달에 20만 원의 이자를 준다고 했다. 거기에 갔던 지인들 대부분이 계약서에 도장을 찍고 왔다. 당시 나도 그들처럼 계약을 하고 싶었는데 돈이 없어서 못 하고 왔다.

나중에 안 사실이지만 월 이자는 딱 6개월까지는 정확히 들어왔다고 한다. 하지만 그다음 달부터는 차일피일 미루는 경우가 많았고 1년이 지나자 지인들이 계약했던 사무실이 없어진 것을 알게 되었다. 지금도 방법은 다르지만 여러 가지 경로를 거쳐 이자놀이를 하는 사기꾼들이 많다. 절대 달콤한 유혹에 넘어가지 마라. 항상 의심하고 또 의심해야 된다.

내가 아는 이들 중에는 월세를 매달 1,000만 원 이상 받는 분이 꽤 많다. 그들을 만나서 대화를 해보면 월세 1,000만 원이 항상 부족하다고 한다. 이것저것 빼고 나면 남는 게 없다고 푸념한다. 그러면서 좋은 상가 건물 나오면 꼭 자기에게 연락하란다. 욕심이 끝이 없다. 부자들은 자기 속마음을 다 털어놓지 않는다. 항상 뭔가를 숨기며 힘들고 어렵다고 한다. 어쩔 때는 겸손한 건지, 뻔뻔한 건지 알다가도 모르겠다.

물론 월세 1,000만 원을 받고 생활하는 이들 중에는 부모님 잘 만나서 증여나 상속으로 편하게 사는 사람도 있다. 그러나 지인 중에는 자수성가한 분들이 많다. 어려서부터 장사를 해서 20년 동안 한 분야의 최고가 된 부자부터 부동산 투자로 아파트부터 상가, 토지 등을 사고팔면서 부를 축적한 이들도 있다. 그들의 특징은 매수와 매도 타이밍을 정확히 알고 있다는 것이다. 그들은 정부 정책에 민감하게 움직인다. 정부에서 집을 사라고 하면 열심히 돌아다니면서 투자 물건을 구입한다. 정부에서 세금을 많이 올려서 집을 사지 말라고 하면 집을 사지 않고 상가를 사러 돌아다닌다. 정부의 정책에 순응하는 것 같지만 그 이면에는 언제 어디에 투자를 해야 돈을 벌 수 있는지를 알고 있는 사람들이다.

부동산 개발업을 하고 있는 H사장은 신문만 보면 어디를 투자해야 할지 안다고 한다. 경제면에 부동산 관련 기사가 많이 보이면 투자를 시작해야 하는 시점으로 생각하면 된다고 했다. 정부 정책은 정권마다 변하고 집권하는 해마다 변한다고 한다. 대통령이 바뀌고 새 정부가 들어서면 친서민정책을 펼쳐 지지율을 끌어올린다. 그러나 경기 상황이 나빠지면 제일 먼저 하는 정책이 부동산 완화 정책이다. 왜냐하면 정권 말기가 되면 다음 정권을 생각해야 되고 그러면 자연히 경제를 활성화시키는 정책을 펼칠 수밖에 없는 것이다. 결국 부동산은 시간 문제이지, 물가 상승률만큼은 올라갈 수밖에 없다고 힘주어 말한다.

부동산 산업은 우리나라 전체 산업의 19% 정도를 차지한다. 우리 경제에 엄청난 영향을 미치고 있다. 한 예로 부동산을 사고팔면 공인중개사는 중개 보수를 받는다. 세무사는 양도세 상담을 통해 수수료를 받고, 집을 산 매수인은 대출 중개인을 통해 대출을 신청한다. 어디 이것뿐이겠는가? 집을 좋은 가격에 매매한 매수자, 매도자는 기분 좋아서 외식을 한다. 그리고 이사를 하면서 도배, 장판을 새로 하고, 큰 평수로 이사를 가면 가전제품을 바꾸게 되어 있다. 이 모든 과정이 집을 사고팔고 이사를 가면서 진행되는 일련의 과정이다. 한 채의 아파트를 사고팔았을 뿐인데 그것으로 인한 파급 효과가 대단하다. 이것을 경제학 용어로 '낙수효과'라 한다. 처마 밑에서 떨어진 물이 바다까지 가듯이 돈이 돌고 돌아야 모두 행복한 것이다.

재테크 전성시대 부동산 투자가 답이다

요즘 초등학교 어린이들에게 커서 꿈이 뭐냐고 물어보면 꼬박꼬박 월세를 받는 건물주가 되는 거라고 답하는 아이가 많다고 한다. 사회가 이러하니 정말 인간을 만든 조물주 위에 건물주가 있는 것 같다. 재테크 전성시대인 만큼 부동산 외에도 많은 재테크가 있다.

결혼 전 나의 초등학교, 중학교 친구들은 주식을 많이 했다. 나도 동참해서 많은 금액은 아니지만 친구들과 어울릴 수 있는 만큼 한 적이 있다. 만나서 술 한잔하면서 주식 이야기를 하면 시간 가는 줄도 몰랐다. 서로 기업을 평가하고 정보도 주고받으면서 이야기하는 게 그때는 너무나 재미있었고 뭔가 모를 성취감도 느꼈다. 그런데 주식을 했던 그 당시 나는 직장을 다니고 있었는데 오전 9시부터 오후 3시까지 일이 손에 잡히지 않았다. 그때는 지금처럼 스마트폰이 없는 시절이라 주가 흐름이 궁금하면 PC방에 가서 확인해야 했다.

매일 머릿속으로 계속 주식에 대한 생각을 하다 보니 조급한 마음과 불안함의 연속이었다. 이런 생활이 1년 정도 지속되다가 내가 투자한 종목이 급락하면서 손절매를 할 수밖에 없었고 결국 투자도 실패하고 말았다. 그때 투자했던 종목은 다 처분하고 실수로 처분하지 못한 두산중공업 주식 4주는 아직도 그냥 가지고 있는데 수익률은 보면 비참해진다. -84.88%다. 지금 현재 내가 샀던 1주 금액이 54,900원이었는데 최근에 더 떨어져서 한 주가 8300원 한다. 그때 정리를 해서 다행이지, 지금껏 가지고 있다면 어떻게 되었을지 생각만 해도 끔찍하다.

그때 나랑 같이 주식을 했던 친구들은 거의 대부분 손해를 보고 정리했다. 그런데 아직도 미련을 가지고 주식을 하는 친구도 있다. 내가 주식 투자를 해보니 일은 일대로 안 되고 돈은 돈 대로 안 되고, 정말 힘들었다. 주식 투자는 이 시대를 살아가는 많은 직장인의 재테크 수단이지만 개미가 시장을 이기는 것은 그렇게 호락호락하지가 않다.

내가 부동산 사무실에 앉아 있으면 꼭 오후 3시 이후로 사무실에 나오는 사모님이 꽤 있다. 이런저런 이야기를 하다 보면 내가 물어보지도 않았는데 먼저 말을 꺼낸다. "제 소장, 내가 이번 주식만 오르면 어디 좋은데 있으면 투자할 거니 조금만 기다려봐." 이번에는 확실히 오른다고 강조하신다. 또 다른 사모님은 주식 투자로 2억 원을 말아먹었는데 남편 몰래 비자금으로 투자했던 거라 남편이 알게 될까 봐 매일 숨죽이며 살고 있다고 말한다. 이렇듯 많은 사람들은 재테크 중독이다. 초 저금리 시대에 살고 있는 이 시대의 자화상이다.

여러분도 월세 통장을 갖고 싶은가? 충분히 가질 수 있다. 그것은 주식이 아닌 부동산을 통해 시작해야 한다. 부동산은 재화다. 재화의 가치는 물가 상승률만큼 올라 갈 수밖에 없다. 2000년 초 자장면 값이 3,000원이었지만 지금은 5,000~6,000원이다. 부동산도 물론 시장경제 논리에 의한 외부적인 리스크를 갖고 있다. 그러나 주식보다는 훨씬 변동성이 작으며 수요와 공급에 의한 수급 물량으로 리스크를 줄일 수 있다. 그리고 수익형 부동산은 월세 수익과 시세 차익이라는 두 마리 토끼를 잡을 수 있는 지름길이다.

투자 핵심 요약
03 여러분도 월세를 받는 부자가 될 수 있다!

지금은 재테크 전성시대! 누구나 월세를 받는 부자가 될 수 있다. 그것은 내가 컨트롤할 수 없는 주식과 펀드 투자가 아니다. 내가 공부하고 노력하면 언제든지 성공할 수 있는 부동산 투자를 통해 실현할 수 있다.

04

저축만으로는 부자가 될 수 없다

생각의 속도가 빨라야 산다.
—윤윤수(휠라 대표)

직장이 여러분을 평생 지켜주지 않는다

월급과 저축만으로도 부자가 될 수 있다. 월급이 엄청 많으면 된다. 우리나라 평균 직장인의 연봉이 3,500만 원 정도 된다. 이것도 평균이기 때문에 실제 대부분의 직장인의 연봉은 3,000~5,000만 원 사이일 것이다. 우리 아버지 세대는 쥐꼬리만 한 월급에도 부자처럼은 못 살아도 애들 대학까지 보내며 살았다. 그때는 직장이 평생직장이었다. 1960~1980년까지 우리나라는 경제개발 5개년 계획을 통해 매년 경제성장률이 10% 이상씩 성장해서 '아시아의 용'으로 불리던 시절이었다. 그러나 지금은 직장이 여러분을 평생 지켜주지 못한다. 내일 당장 나가라고 해도 이상할 것이 없다. 회사는 이윤 추구가 목적인데 경기가 좋지 않아 물건이 안 팔리면 누군가는 옷을 벗어야 된다. 아니면 회사는 문을 닫아야 되는 것이다.

지금 회사를 다니는 내 친구들은 과장급이다. 회사에서 중간 정도의 위치에 있다. 밑에서 새까만 후배가 올라오고 위에서는 압박을 한다. 스트레스가 이만저만이 아니다. 돈이나 많이 주면 참고 살아갈 텐데 올해도 연봉 동결이란다.

나의 초등학교 친구인 B군은 20대 후반에 외국계열 회사에 입사했다. 연봉도 꽤 높아서 친구들의 부러움의 대상이었다. 본사는 서울에 있었고 구미와 창원에 지사를 둔 알찬 외국계 기업이었다. 처음에는 창원지사에서 일했다. 그런데 경기가 좋지 않아 창원지사가 구미지사로 합쳐지면서 구미로 발령을 받았고 회사 사택에 살았다. 그때는 총각 때라 독립하는 게 가장 좋았다고 한다.

그러나 1년이 지나고 2년이 흘러보니 남자 혼자 자취를 하는 게 너무 힘들다는 것을 알았다. 결혼 후 B군은 다시 창원지점으로 옮겨서 부산과 창원 사이를 매일 출퇴근하면서 생활했다. 오전 7시까지 출근해야 되기 때문에 새벽에 일어나 출근했다. 결혼 전에는 몰랐는데 결혼 후 아이가 태어나고 미래에 대한 걱정이 커졌고 많은 고민 끝에 직장생활 10년 만에 회사에 사표를 냈다.

그리고 새로 시작한 일이 유통 사업이었다. 주로 김과 통조림 등의 부산 총판을 시작했다. 처음에는 의욕이 강해 여기저기 안 다녀 본 곳 없이 열심히 했다고 한다. 아파트 부녀회도 돌아다니면서 시식회도 하고 열심히 홍보를 했다. 처음 6개월은 장사가 잘되어서 사업에 성공하는 줄 알았다고 한다. 그러나 장사를 해보지 않은 B군은 사업 확장에 어려움을 겪었다. 그리고 가장 문제는 제품의 마진이 너무 없어 이것저것 빼고 나면 남는 게 없는 것이었다. 처음 사업을 하다 보니 무조건 많이 팔면 좋다고 생각했는데 그게 아니었다. 그래서 결국 B군은 사업을 시작한 지 1년 만에 재고 물량만 1,000만 원 남기고 정리하게 되었다. 지금은 다시 창원으로 출퇴근을 하면서 예전 외국계 회사에서 일할 때 주 거래처였던 사장 아래서 일을 하고 있다.

나는 친구 B군에게 회사를 그만둘 때 부동산 투자를 같이 하자고 제안했다. 그 당시 나는 경매나 매매를 통해 소액 부동산 투자의 열을 올리고 있을 때라 같이하면 재미있을 것 같았다. 그러나 친구는 다른 선택을 했다. 요즘은 각자 다른 분야의 길을 가느라 연락을 자주 못 한다.

나는 가끔씩 '만약 그때 B군이 퇴직금을 가지고 부동산 투자를 통해 월세가 들어오는 시스템을 만들어놓았으면 지금쯤 어떻게 되었을까?' 하는 상상을 한다. 아마 지금보다 훨씬 여유롭게 살고 있을 것이다. 그러면 지금처럼 새벽에 일어나 창원까지 출퇴근을 하지 않아도 될 것이다. 직장에 다니면서 부동산 투자도 병행했다면 그 당시 퇴직금이 꽤 많아서 여러 곳에 투자할 수 있었을 것이다.

지금은 저축으로 부자가 될 수 없다

이제 저축에 대한 말을 해보겠다. 내가 국민학교(초등학교) 다닐 때만 해도 매월 저축 왕을 뽑았다. 학교에서 통장을 개설해서 일주일에 한 번 저축할 돈을 학교에 가져갔다. 그리고 매달 가장 많이 저축한 사람이 저축 왕이 되는 것이다. 나는 초등학교 저축 왕 출신이다. 그 당시 사회는 한 푼이라도 아껴서 저축을 해야 부자가 될 수 있다고 했다. 실제로 그때는 저축을 열심히 하면 부자가 될 수 있었다. 왜냐하면 금리가 높은 시절이었기 때문이다. 당시 은행의 시중금리는 10~20% 정도였다.

예를 들어 '금리가 20%'라는 것은 1억을 은행에 넣어두면 5년 뒤에 2억이 되는 것을 말한다(물론 이자소득세 15.4%가 발생한다). 그러니 열심히 저축을 하면 충분히 부자가 될 수 있었다. 그러나 지금은 그냥 저금리 시대도 아닌 초저금리 시대다. 현재 기준금리가 1.75%이다. 은행에 1억을 넣어놓으면 한 달 이자가 10만 원도 나오지 않는다. 10억을 넣어놓아도 100만 원 나오고 30억은 있어야 300만 원쯤 나와서 생활을 할 수 있는 셈이다.

그래서 많은 사람들이 재테크에 올인하고 있다. 여러분에게 1억 원이라는 돈이 있으면 어떻게 하겠는가? 은행에 넣어서 한 달 이자로 매달 10만 원씩 받겠는가? 아니면 오피스텔을 1억에 사서 보증금 1,000만 원에 월 60만 원을 받겠는가? 답이 정해져 있는 것이다. 그런데도 목돈을 은행에 넣어놓고 '안전'이라는 굴레를 벗어나지 못하고 아직까지 이자를 받는 사람들이 많이 있다. 미국이 금리를 올리기 시작하니 우리나라도 따라서 금리를 올릴 거라고 생각하는 사람도 너무나 많다.

지금은 3저 시대에 살고 있다. 1970~1980년대와 같이 매년 경제성장률이 10%를 넘어서는 혈기 왕성한 젊은 경제가 아니다. 겨우 2~3% 정도 성장하는, 마이너스 성장도 생각해야 하는 저성장 시대다. 우리나라뿐만 아니라 세계경제를 주름 잡는다고 했던 중국, 인도 등의 아시아 국가도 경제 상황이 우리와 다르지 않다. 전 세계가 저성장인 것이다.

그리고 저출산 시대에 살고 있다. 2018년도 출산율이 사상 처음으로 1.00명 아래인 0.98명으로 떨어졌다. 이제 여성 1명당 1명의 자식도 출산을 하지 않은 시대에 살고 있는 것이다. 주변에 둘러봐도 전부 노총각, 노처녀뿐이다. 그들은 결혼과 출산에 별 관심이 없다. 혼자 사는 게 너무 편하기 때문이다. 여기가 조선시대도 아니고 결혼해서 시댁 눈치, 처가 눈치, 애들 눈치 보며 살기 싫다는 것이다. 그리고 너무 비싼 아파트 구입 비용도 부담이 된다고 한다. 국가는 저출산 문제를 해결하기 위해 매년 수십 조의 예산을 투입하지만 정답이 없는 게 사실이다. 그런 의미에서 보면 나는 애국자다. 왜냐하면 자식을 셋이나 낳았기 때문이다. 나는 딸, 딸, 아들 3남매의 아빠다. 나도 이렇게 아이가 많아질 줄 몰랐다. 아내가 육아와 일에 시달리며 정말 고생하고 있다. 사람은 망각의 동물이다. 아내는 첫째를 낳고 너무나 힘들어서 더 이상 아이를 갖지 않으려고 했다. 그러나 또 힘들었던 기억은 잊어버리고 애를 키우면서 행복했던 기억만 남아서 둘째, 셋째를 낳게 되었다. 사실 나도 3명을 키우는 것이 때로는 걱정이 되고 힘이 부칠 때도 있다. 그러나 아이들을 보고 있으면 힘이 생긴다. 그냥 좋다.

금리를 수치로 나타내기 시작한 이래로 역사상 가장 초저금리 시대에 살고 있다. 기준 금리가 얼마 전까지만 해도 1.25%였다가 지금은 조금 상승하여 1.75%를 유지하고 있다. 2019년 올해도 1.75%를 계속 유지할 가능성이 매우 크다. 결국 고액 연봉이 아닌 평범한 직장인은 지금과 같은 초저금리 시대에는 월급과 저축만으로는 절대 부자가 될 수 없다. 이 사실을 반드시 명심하길 바란다.

투자 핵심 요약
04 저금리 · 저성장 시대 은행을 떠나라!

'평생직장'이란 단어는 사라진 지 오래되었다. '저축 왕'이란 단어도 사라진 지 오래되었다. 우리는 지금 불확실한 노후를 대비하지 않으면 정년 후 마지막까지 불편하게 살 수 있다. 시대의 흐름에 생각의 속도가 빨라야 잘살수 있다.

05
월급쟁이라면 부동산이 답이다

나에게 "왜 산에 오르는가?"라고 물으면 내 앞에 산이 있기 때문이라고 말할 것이다.
—힐러리 클린턴(미국의 정치인, 전 영부인)

직장인들의 투자 전성시대, 조금만 노력하면 성공할 수 있다

요즘은 직장인들의 전성시대다. 직장을 다니면서 해외여행도 자주 다니고, 직장을 다니면서 동호회 활동을 하는 이들이 많아졌다. 예전 우리 아버지 세대에는 상상도 못했던 일이다. 우리의 아버지들은 회사에 뼈를 묻었다. 그리고 그때는 회사가 아버지들을 지켜줬다. 정년이 보장된 것이다. 그러나 요즘은 어떠한가? 회사만 다닌다고 경제적 자유와 노후를 보장받을 수 있는가? 아니다. 정년 60세가 보장되는 회사는 거의 없다. 그러니 그런 사회를 반영한 '사오정', '오륙도' 등의 말이 나오는 것도 이상할 게 없다

그리고 지금은 100세 시대다. 사람이 100세까지 살 수 있는 시대가 얼

마 남지 않았다. 이웃나라 일본은 90세 이상 인구가 200만 명이 넘는 장수 국가다. 정년 이후, 즉 일을 관둔 뒤에는 40년 이상을 벌어둔 돈이나 연금으로 살아가야 한다. 노후가 준비되지 않은 삶은 끔찍하다. 그런 끔찍한 인생을 살지 않기 위해서는 어떻게 살아야 할까? 직장과 은행을 믿을 수 없다. 물가 상승률보다 금리가 더 낮은 지금, 이제 저축은 돈을 보관하는 정도의 의미만 있다고 보면 된다. 그 해답은 결국 투자에 있다. 경제적 자유와 편안한 노후를 위해 월급을 저축만 하지 말고 투자를 해야 한다. 대한민국 부자는 거의 대부분 부동산으로 부를 축적했다. 큰돈이 있어야만 부동산 투자를 할 수 있는 것은 아니다. 지금 당장 미래를 보고 부동산 공부를 열심히 해서 소액으로라도 투자 경험을 쌓아야 한다.

나는 결혼하고 맞벌이를 하면서 처절하게 종잣돈을 모았다. 그때 우리 부부의 총 수입은 300만 원이 채 안 되었다. 그중 200만 원을 적금에 넣었다. 저축을 하면 강제성이 떨어지기 때문에 적금을 선택했다. 신혼집도 처음에 본가에서 시작했다. 정말 말이 안 되는 생활이었다. 정말 내 인생에서 가장 힘든 시기였다. 아내와도 많이 싸웠다. 문제는 돈이었다. 번 돈의 70%를 적금을 넣으니 쓸 돈이 거의 없었다. 월급 때 이것저것 빠져나가면 쓸 수 있는 용돈은 10만 원도 안 되었다. 사실 그때 나는 할머니에게까지 돈을 빌렸다. 그러나 빌린 돈을 갚은 적은 없었던 것 같다.

할머니는 당시 나의 은인이었다. 우리는 이렇게 1년 정도를 고생해서 종잣돈 2,400만 원을 모을 수 있었다. 나에게 2,400만 원은 그 어떤 돈보다도 소중했기 때문에 부동산 공부를 열심히 하지 않을 수 없었다. 조금 과장해서 말하면 목숨 걸고 공부했다. 어렵게 모은 종잣돈을 지키고 싶기 때문이었다.

종잣돈을 모으는 1년 동안 열심히 공부했다. 경매부터 시작하여 부동산 투자 관련 서적들을 읽기 시작했다. 그리고 주말이면 부동산을 보러 돌아다녔다. 인터넷사이트에서 보는 부동산과 현장에 직접 가서 보는 부동산은 너무 달랐다. 나는 부동산 임장에 가기 전에 항상 설렌다. '혹시 내가 저 집의 주인이 될 수 있을까? 내가 저 건물의 주인이면 얼마나 좋을까?' 등의 생각이 많아지기 때문이다. 그렇게 나는 종잣돈을 모으는 1년 동안 몸은 힘들고 재미없었지만 마음은 부자가 되어가는 과정 중에 있어 행복했다.

그 결과 처음 등기부등본에 내 이름이 올라간 부동산이 다가구 주택이었던 것이다. 다가구 주택을 시작으로 경매 투자와 소형 아파트 투자, 빌라, 상가, 분양권 등을 차례로 투자하면서 조금씩 부동산에 눈을 떴고 지금에 이르게 되었다. 물론 지금도 큰 부자는 아니다. 그러나 마음의 여유가 있다. 예전처럼 처절하게 종잣돈을 모으기 위해 주변의 많은 사람들을 힘들게 하지 않아도 된다. 예전에는 투자한 부동산을 거의 직접 수리했다. 특히 입주 청소와 베란다 도색은 전문가 수준으로 잘한다. 그러나 지금은 하지 않는다. 직접 하면 몸도 아프고 또 직접 손볼 수 있는 시간도 없기 때문이다. 나는 부동산 중개, 투자, 강의, 박사 모임 등 많은 일을 한다.

요즘 재테크 책을 보면 유난히 직장을 다니면서 재테크에 성공한 책이 많이 나온다. 예를 들어 『연봉 3천 구 과장은 어떻게 월급만으로 부동산 투자를 했을까?』, 『평범한 29세 직장인은 어떻게 3년 만에 아파트 10채의 주인이 됐을까?』, 『직장인, 월세 받는 빌라 한 채 가지기』 등의 책들이 많다. 전부 직장을 다니면서 부동산 투자로 재테크를 성공한 이야기이다.

직장 다니면서 따라하는 부동산 임장 방법 노하우 4가지

내가 직장에 다니면서 부동산 투자를 했던 임장 경험을 전달하겠다.

첫째, 투자 지역을 몇 군데로 압축하라. 여러분은 주말밖에는 시간이 없다. 짧은 시간에 너무 많은 곳을 볼 수도 없다. 그렇다고 너무 자기 거주지 주변으로만 다녀도 안 된다. 잘 알고 있는 지역에는 좋은 물건이 없을 수도 있다. 그래서 주중에 미리 주말에 임장 갈 장소를 찾아둔다.

둘째, 임장 전 인터넷을 통해 최대한 정보를 입수한다. 여러분이 평소

틈틈이 임장 정보를 조사해야 한다. 매매, 전·월세 시세와 실거래가 신고, 부동산 사무실 전화번호 등을 메모해 현장에서 신속하게 움직일 수 있게 해야 한다. 그리고 주변 부동산 시세를 네이버 부동산을 통해 반드시 확인해야 한다.

셋째, 개업 공인중개사와 친해져야 한다. 일단 여러분이 투자한 부동산은 공인중개사를 통해 매매든 전세든 맞춰야 하기 때문에 좋은 유대관계가 중요하다. 그리고 한 번 거래를 좋게 하게 되면 괜찮은 매물을 지속적으로 추천해준다. 그리고 나는 투자 부동산 주변에 부동산이 없는 지역은 투자를 하지 않는다. 투자 후 임대나 매매를 하기 어렵기 때문이다.

넷째, 부부가 같이 부동산 공부를 해야 한다. 나는 매년 학기별로 대학교 평생교육원에서 강의를 한다. 거기에 강의를 들으러 오는 사람은 남녀노소 다양하고 직업도 다양하다. 옛말에 '혼자 가면 빨리 갈 수는 있어도 같이 가면 멀리 갈 수 있다.'라는 말이 있다. 부동산도 혼자 임장 가고 혼자 투자하면 빨리 성공할 수는 있어도 계속 투자를 하기 힘들다. 왜냐하면 혼자 하는 것이 외롭기 때문이다. 그리고 자기만의 독단과 고집으로 올바른 선택을 하기 어렵다. 따라서 결혼을 했으면 부부가 같이 부동산 공부를 하면 좋다. 서로 힘이 되고 의지가 된다. 그리고 부부가 같이 고생하면 애정도 깊어진다.

월급쟁이도 부동산 투자로 성공할 수 있다. 아니다. 월급쟁이도 무조건 부동산 투자를 해야 성공할 수 있다. 내가 부동산 투자를 선택한 이유는 집 없이는 사람이 살 수 없기 때문이다. 그리고 물가 상승률을 감안하더라도 부동산 가격 상승은 얼마든지 가능하다. 나의 발품과 노력에 따라 결과를 도출할 수 없는 펀드나 불확실성이 큰 주식은 나의 경험상 재테크에 도움이 되지 않는다. 그리고 가장 안전한 은행은 초저금리 시대에는 대출을 하는 곳이지 저축을 하는 곳이 아니다.

부동산 투자의 종류는 여러 가지가 있다. 일단 자신의 종잣돈 규모에 맞게 투자할 수 있는 부동산을 선택하면 된다. 여러분은 분명히 월급쟁이도 부동산 투자로 성공할 수 있는 시대에 살고 있다.

투자 핵심 요약
05 직장인이여, 회사가 여러분을 지켜줄 때 부동산 투자를 해라!

지금 우리는 100세 시대에 살고 있다. 직장에 다니면서 부동산 투자를 해야 한다. 월급을 아껴서 종잣돈을 모아야 한다. 조금만 불편하게 살면 퇴직 후 40년 동안 편하게 살 수 있다.

06

부동산 투자, 두려워서 못하는가?

이 세상에 보장된 것은 아무것도 없으며 오직 기회만 있을 뿐이다.
–더글러스 맥아더(미국의 군인, 한국전쟁 시 UN군 총사령관)

부동산 투자를 하지 못하는 이유는 두려움 때문이다

지금 한국사회는 부동산 침체기의 길을 걷고 있다. 물론 이런 상황에서도 오르는 곳도 있고 떨어지는 곳도 있다. '그럼 부동산은 언제 투자해야 하고 언제 팔아야 될까?' 우리나라의 많은 부동산 부자들은 IMF 때나 서브프라임 경제 위기 때도 부동산 투자로 돈을 벌었다.

가구업을 하는 K사장은 시간이 나면 커피 한잔 들고 나의 부동산 사무실에 찾아오는데 와서 많이 물어보지도 않는다. 그냥 커피만 한잔하고 농담이나 주고받다가 가신다. 친해지고 안 사실이지만 이분의 부동산 재산만 해도 50억 원이 넘는다고 한다. 자기가 살고 있는 아파트뿐만 아니라 상가 건물 몇 채를 갖고 있는 것이다.

부자들은 말이 없다. 아니 말을 잘 안 한다. 듣는 것을 더 좋아한다.

그래서 내가 어느 날은 K사장에게 물었다. "아니 사장님은 저에게 부동산에 대해 물어보지도 않으면서 비싼 커피는 왜 자꾸 사서 사무실에 오시나요?" 그러자 K사장은 "그냥 저는 부동산에 오면 기분이 좋습니다. 소장님이 말씀하시는 것 들으면 도움도 많이 되고요. 소장님이 바쁘거나 전화 통화가 많으면 부동산 시장의 경기가 좋다고 생각합니다. 그러나 쥐 죽은 듯이 조용하면 부동산 시장이 침체된 것입니다. 부동산 사무실에 가면 그 분위기를 제일 먼저 느낄 수 있어요."라고 말했다.

K사장은 부동산 경기의 흐름을 공인중개사 사무실에서 파악하고 계셨던 것 같다.

많은 사람들은 부동산 투자가 어렵다고 생각한다. 왜 그럴까? 그것은 바로 두렵기 때문이다. 열심히 모은 종잣돈을 투자했는데 아파트 가격이 떨어지면 큰일난다. 혹은 남편 또는 아내 몰래 비자금을 모은 돈으로 부동산 투자를 했는데 하필이면 내가 산 이후 가격이 떨어질까 봐 두렵기 때문이다. 그렇다면 두려움은 왜 생기게 될까? 잘 모르기 때문에 생기는 것이다.

예를 들어 여러분이 운전면허증을 따서 처음 운전을 하게 되었는데 마침 내일 친구 결혼식 때문에 장거리 운전을 한다고 생각해봐라. 얼마나 두렵겠는가? 아마 오늘밤 걱정이 되어 잠도 잘 못잘 것이다. 그러나 만약 내비게이션이 있다고 하면 어떨까? 그래도 내비게이션에서 나오는 말만 잘 듣고 가면 별 문제없이 목적지에 잘 도착할 것이다. 요즘 우스운 소리로 내비게이션 안내원 말과 아내 말만 잘 들어도 편하게 산다는 말이 있다.

이렇듯 부동산 투자도 이 두려움에서 벗어나야 된다. 그럼 부자들은 처음부터 이런 두려움이 없었을까? 당연히 두려움이 있었다. 그러나 처음에는 실패도 하고 쓰라린 고배도 마시면서 두려움을 이겨냈다. 그래서 지금은 그런 아픈 경험이 자양분이 되어 성공할 수 있었다고 생각한다. 부자들은 투자의 맛을 안다. 지금쯤 사면 바닥까지는 아니라도 무릎 정도에는 사는 줄 알기 때문에 두려움이 없는 것이다. 그들에게 과거의 경험 즉, 학습효과가 크나큰 무기이자 투자를 과감하게 할 수 있는 원동력이다.

내가 아는 부자들 중 부동산 투자를 안 하시는 사람은 단 한 명도 없다. 혹시 여러분 주위에는 있는가? 그들의 직업은 다양하다. 사업가, 공무원, 선생님, 직장인, 자영업 등 직업은 다르지만 부동산 투자를 병행하고 있는 것은 동일하다.

그럼 부동산 투자를 시작하려는 분들은 '도대체 무엇에 투자해야 하는가?'라는 의문을 갖게 될 것이다. 부동산 투자의 종류는 여러 가지가 있다. 주택, 아파트, 빌라, 오피스텔, 원룸, 토지, 상가, 분양권, 입주권 등 그 수가 너무나 많다. 가진 돈은 정해져 있고 투자는 이것도 하고 싶고 저것도 하고 싶고, 다 하고 싶지만 현실의 벽은 너무나 높다. 일단 시작 은 소액으로 할 수 있는, 초기 비용이 적은 투자를 고민해야 한다.

내가 10년 전쯤 가장 먼저 부동산에 투자한 것은 주택이었다. 다가구 주택이었는데 전세금 비율이 높아 초기비용이 얼마 들지 않았다. 매수 후 조금 수리를 한 후 월세를 받을 수 있는 방으로 만들어 임대차를 놓기 도 했다.

그리고 내가 이 주택을 6년간 보유하다가 매매를 했는데 전세 기간 2 년간 3번, 6년이 지나가면서 전세금이 많이 올랐다. 그래서 다가구 주택 은 나의 종잣돈으로 사용할 수 있는 디딤돌 물건으로 활용하였다.

내가 처음 투자한 시점이 부동산 경기가 좋았던 때라 전세금이 올라간 만큼 원금 회복은 금방 되었다. 그리고 전세금이 오른 만큼 나는 그 돈으 로 또 투자하고 수익을 창출할 수 있었다.

내가 만약 10년 전에 소액으로 다가구 주택에 투자하지 않고 정기적금 에 넣어 놓았다고 하면 어땠을까? 생각만 해도 끔찍하다. 아마 나는 지 금도 회사에 다니면서 다람쥐 쳇바퀴 돌듯 똑같은 생활을 반복하면서 살 아가고 있을 것이다.

월요일이 두려운 당신은 다시 한 번 인생을 돌아봐야 한다

여러분은 혹시 월요일이 두려운가? 일요일 오후만 되면 그 다음 날이 걱정이 되어 괜히 짜증이 나고 한숨이 나오는가? 사실 나도 예전에는 그랬다. 나는 일요일 저녁 주말 드라마가 끝날 시간이 되면 불안하고 초조하고 한숨이 나왔다. 그때는 정말 월요일이 싫었다. 금요일이 되면 기분이 최고 좋다가 토요일은 그냥 좋다가 일요일 오전까지는 괜찮았다. 그러나 일요일 오후만 되면 어딘지 모르게 피곤하고 아쉬움도 남고 머리가 아프기 시작했다.

아마 이 시대를 사는 모든 직장인의 고뇌가 아닌가 싶다.

그런데 만약 여러분이 직장에 다니면서 열심히 모은 종잣돈으로 부동산 투자를 병행하면 어떨까? 그래서 월세 500만 원이 여러분 통장에 매달 들어온다고 가정해보면 어떨까?

물론 그래도 월요일은 두려울 것이다. 그러나 매달 월세 통장이 있는 사람은 덜 두려울 것이다. 왜냐하면 그들은 든든한 백이 있기 때문이다. 당장 내가 이 회사를 그만둬도 먹고사는 데 큰 불편함이 없기 때문이다. 그리고 사회생활도 당당하게 할 수 있다. 밤늦게까지 프로젝트 준비한 것을 당당하게 부장님에게 보여드리고 내 의견을 말할 수 있을 것이다. 그러면 아이러니하게도 회사에서는 눈치 보고 의견을 못 내는 사람보다 일 잘한다고 승진도 빨리되는 현상이 발생할 것이다.

이렇듯 부동산 투자로 인한 투자 수익은 여러분의 인생에 자신감과 동기부여를 제공하여 더욱 안정되고 즐거운 생활을 하는 데 도움이 될 것이다.

우리나라의 부자들은 대부분 부동산 투자를 통해 부자가 되었다. 투자한 종목은 다르지만 부동산 투자를 해야 남들보다 빨리 부유해진다는 것을 몸소 실천했던 것이다.

지금의 대기업도 수출을 많이 해서 이윤을 창출한 것도 있지만 부동산 투자를 통해 더 많은 이윤을 창출했다. 부동산 가격은 긴 호흡으로 볼 때 IMF 금융위기 때나 미국의 경제공황인 서브프라임 때도 약간의 조정 시기가 있었지만 결국 시간이 지나자 또 상승했다.

결국 부동산 투자는 재테크의 가장 빠른 지름길인 것이다.

투자 핵심 요약
06 부자가 되고 싶으면 부동산 투자를 하라!

부자가 되는 가장 빠른 지름길은 부동산 투자다. 많은 부자들이 부동산 투자를 통해 부를 축적했다. 우리나라 대기업도 수출을 많이 해서 이윤을 창출한 것도 있지만 부동산 투자를 통해 더 많은 이윤을 남겼다.

07
언제까지 종잣돈만 모을 것인가?

행복은 성취의 기쁨과 창조적 노력이 주는 쾌감 속에 있다.
－프랭클린 D. 루스벨트(미국의 정치인)

부동산 투자의 시작은 종잣돈 모으기부터

내가 10년 전 부동산 투자를 시작할 때 가장 어려운 점은 종잣돈을 모으는 것이었다. 그 당시 결혼 후 우리 부부는 맞벌이를 했고 직장에 다니면서 받는 쥐꼬리만 한 월급의 70%를 적금에 넣어두었다. 지금 생각하면 미친 짓이다. 말이 70%이지, 거의 사회생활을 하지 못한 채 기본적인 생활만 할 수밖에 없었다. 나는 그 당시 부동산 투자가 너무 하고 싶었는데 종잣돈이 없으니 어떻게 할 수 없는 상황이었다.

사실 그 당시 부동산 투자 때문에 아버지께 손을 내민 적이 있었다. 초기 비용으로 2,000만 원을 빌려달라고 했는데 아버지는 일언지하에 거절하셨다. "부동산 '부' 자도 모르는 너에게 뭘 믿고 돈을 줄 수 있겠냐?"라는 아버지의 말씀이 이해가 되었지만 한편으로는 너무나 섭섭했다. 사실 아직도 가슴 한구석에 응어리가 남아 있다. 그때도 그런 서운함 때문에 부모님을 한 달 정도 찾아가지 않고 전화도 안 했던 기억이 난다. 중간에서 아내가 마음고생이 많았다.

아버지의 거절에 나는 오기가 생겼고 1년 동안 종잣돈을 모으는 데 최선을 다했다. 드디어 1년 후 약 2,400만 원을 만드는 데 성공을 했다. 지금도 1년 정기적금 타러 가는 때가 생각난다. 마침 그날은 비가 왔는데 적금을 타고 나오면서 너무 기분이 좋아 우산도 쓰지 않고 비를 맞고 왔다. 하늘에서 내리는 비가 그동안 고생했던 것과 아버지에 대한 섭섭한 마음을 씻겨 주는 것 같아 너무 기분이 좋았다.

종잣돈을 모으고 나서 나는 더욱 바빠졌다. 시간이 날 때마다 부동산 투자 지역을 검색하느라 분주했다. 그리고 주말이면 직접 부동산을 보기 위해 아침 일찍부터 움직였다. 10년 전만 해도 부동산 투자 검색 정보는 벼룩시장 정보지였다. 지금은 워낙 좋은 정보 사이트가 많아서 여러 군데를 검색할 수 있지만 그때는 벼룩시장의 인기가 대단했다. 직장을 알아보는 것도, 도배·장판을 알아보는 것도, 중고차를 사는 것도 전부 벼룩시장을 통해 이루어졌다. 심지어 주택, 빌라, 맨션, 아파트, 상가, 토지 등 부동산 정보도 벼룩시장 같은 생활정보지가 대신했다.

내가 처음 부동산 투자를 했던 것도 벼룩시장을 보고 찾은 3층 다가구 주택이었다. 물론 공인중개사 없는 직거래 형식이었다. 그 당시 나는 너무나 간절했다. 죽을힘을 다해 종잣돈을 모았고 그 사이 아버지와의 갈등을 겪은 터라 나는 반드시 첫 부동산 투자에 성공하고 싶었다. 그러나 아무리 돌아다니고 검색을 해봐도 내가 살 수 있는 부동산은 한정적이었다. 그래서 초기 비용이 적은, 소액 투자를 할 수 있는 물건을 선택한 것이다.

총 매매 금액이 1억 2,000만 원이었는데 전세보증금이 1층, 2층, 3층 합쳐서 총 1억이 들어 있었다. 그래서 내 돈 2,000만 원과 취·등록세 세금만 있으면 살 수 있었다. 내가 산 다가구 주택의 주인은 나보다 한 살 많은 젊은 사람으로, 그는 이 집을 경매로 받고 수리를 해서 전세를 놓고 매매한 것이었다. 나는 당시 경매 공부를 하고 있어서 경매 물건에 대해서도 관심이 많았다. 그때 인연이 되어 내가 다음으로 경매 투자할 때 매도인의 도움을 받았던 기억도 난다.

나는 그 당시 종잣돈을 모으는 것이 아니라 종잣돈으로 부동산 투자를 하는 것이 가장 큰 목적이었다. 그래서 나를 거절했던 아버지에게 나도 부동산 투자를 할 수 있다는 것을 보여주고 싶었다.

지금 이 시간에도 종잣돈을 모으기 위해 열심히 저축하고 있는 사람이 너무나 많다. 맛있는 것 못 먹고, 좋은 옷 못 사고, 친구들과 술 한잔하기 아까워서 선뜻 나가지 못하는 많은 이들의 애환을 누구보다 잘 알고 있다. 그러나 투자를 하고 싶은데 용기가 나지 않아 종잣돈만 모으고 있는 이 시대의 많은 직장인이 명심해야 할 것이 있다. 종잣돈을 모으면 과감하게 투자를 해야 한다. '조금 더 모아서 해야지.', '아직은 때가 아닌 것 같아.' 등의 자기 변명을 일삼으니까 투자하기가 두려운 것이다. 이렇게 열심히 모은 종잣돈을 투자하려니 만 가지 생각이 드는 것이다. '지금 부동산을 사도 되는 걸까?', '혹시 내가 사면 떨어지지 않을까?' 그러므로 여러분은 종잣돈을 모으는 에너지의 10분의 1이라도 부동산 공부를 하는 데 투자해야 한다. 배워야 한다. 그래서 최소한 간접 경험이라도 하고 투자를 해야 된다는 것이다.

요즘 부동산 재테크 관련 책이 너무나 많다. 물론 그중에서 별 내용이 없는 책도 많지만 어려운 환경 속에서 열심히 공부하고 투자하여 경제 자유인이 된 사례는 너무나 많다. 그런 책을 읽어야 한다. 읽으면 '나도 할 수 있다.'는 용기가 생긴다. 그리고 재테크나 부동산 강의가 있으면 주말이라도 참석해서 성공한 이들의 이야기를 들어야 한다. 그래야 친구도 생기고 나와 같은 멘토도 만나게 되는 것이다.

종잣돈을 모았으면 투자를 해야 한다

초등학교 친구 중에 외국계 회사에 다니는 J라는 친구가 있다. 이 친구는 너무나 인품이 착하고 인간성이 좋은 친구다. 결혼하고 7년 동안 아이가 없어 걱정했는데 최근에 아이도 낳고 행복하게 살고 있다. 나이가 들고 서로 사회생활을 한다고 바빠서 자주 만나지는 못한다. 보통 1년에 한두 번 만나는데 그때마다 종잣돈 투자를 해야 되는데 어디에 투자 할지를 모르겠다고 이야기한다. 사실 이 친구는 아내 몰래 주식을 하고 있는데 영 수익률이 좋지 않다고 한다. 그래서 나는 내 강의도 들으러 오라하고 내가 투자한 사례도 말해 주면서 부동산 투자를 권유했다. 그러나 그 친구는 만날 때마다 종잣돈만 계속 모을 뿐, 투자를 하지 않았다. 그래서 내가 그 이유에 대해 물었다.

"야, 내가 알고 있기로는 네가 종잣돈을 꽤 모은 것 같은데 부동산 투자는 안 하냐?"

그러자 친구는 한숨을 쉬면서 "아휴, 도저히 불안해서 투자를 못 하겠다." 내가 다시 묻는다. "뭐가 그리 불안하냐?" 친구는 힘없이 말한다. "있잖아, 내가 사면 꼭 떨어질 것 같아. 주변에 투자를 잘못해서 고생하는 사람도 많이 봤고, 나는 그냥 적금에 넣어두는 게 속 편하다." 그 말을 듣고 내가 다시 말했다. "야, 뭐가 그리 두렵냐? 네가 주택이 여러 채 있는 것도 아니고 실거주로 한 채 사라고 하는데. 막말로 아파트 한 채 있다고 치자. 아파트가 오르면 전부 다 오를 거고 아파트 값이 내리면 전부 내릴 건데, 네가 무슨 손해를 본다는 거야?" 사실 맞는 말이다. 부동산이 많은 사람이 걱정할 일을 가지고 무주택자인 내 친구가 집값 떨어질 것을 걱정하는 것은 말이 안 된다. 만약 집값이 떨어지면 내 집만 떨어지는 것이 아니다. 손해를 보고 팔아도 더 싼값에 다른 아파트를 살 수 있는 것이다. 결국 내 친구 J는 부동산을 사지 않았다.

J는 전세 계약 만기가 되면 전화를 한다. 지금 25평짜리 아파트에 살고 있는데 또 집주인이 전세 가격을 올려달라고 한다는 것이다. 그래서 나에게 전세보증금 인상에 따른 전세계약서를 어떻게 다시 써야 하는지, 아니면 동사무소에 전입과 확정일자를 다시 신청해야 하는지, 벌써 세 번째 전세금 인상에 대한 전화를 받았다.

이 시대의 많은 사람을 두 분류로 나눠보면 종잣돈만 모으는 사람과 종잣돈을 투자하는 사람으로 나눈다. 각각 그들만의 생각과 목표가 있을 것이다. 고기도 먹어본 놈이 먹고, 여행도 가본 사람이 더 자주 간다. 왜 그럴까? 맛을 알기 때문이다. 요즘 TV에서 하는 〈아내의 맛〉, 〈연애의 맛〉 등의 시리즈의 인기가 많다. 그래서 나는 '투자의 맛'을 느껴보라고 말하고 싶다. 그 맛을 보지 않은 사람은 절대 이해하지 못할 행복한 맛을 느끼게 될 것이다. 처음이 중요하다. 일단 공부하고 투자하자!

부동산 투자의 시작은 종잣돈을 모으는 것부터다. 처절하게 종잣돈을 모아봐야 돈의 소중함을 알 수 있다. 그리고 종잣돈을 투자해야 한다. 종잣돈을 잃지 않기 위해서는 부동산 공부와 투자 물건에 대한 확신이 필요하다

08

당신의 투자법은 진짜인가?

준비 여부에 관계없이,
열망을 실현하기 위한 명확한 계획을 세우고 즉시 착수하여 그 계획을 실행에 옮겨라.
—나폴레온 힐(미국의 작가)

부동산 투자 당신은 잘하고 있는가

당신의 부동산 투자 방법은 진짜인가? 누가 여기 사라고 해서 사지 않았는가? 혹시 기획부동산에서 여기 사면 몇 년 뒤에 2배가 오르니까 지금 사라고 해서 사지 않았는가?

부동산을 투자하는 사람 중에 심지어 한 번도 가보지 않고 투자를 하는 사람이 꽤 많다. '어떻게 그 비싼 부동산을 사는데 한 번도 가보지 않고 살 수 있을까?'라는 의문이 들지만 과거 많은 사람이 실제로 이렇게 투자했다. 왜냐하면 부동산도 쇼핑이다. 전화로 그들의 이야기를 듣고 있으면 저절로 빠져들게 되고 환상이 생기면서 확신을 갖게 된다.

우리가 TV 홈쇼핑을 보는 동안 어떤 일이 벌어지는가? 아마 홈쇼핑 전화번호를 누르고 있을 것이다. 왜 이런 일이 벌어지는가? 방송 쇼 호스트들이 전화를 하게끔 유려한 말솜씨로 우리를 유혹하기 때문이다. 눈에 보이는 상품이 너무나 멋있어 보여서 살 수 밖에 없게 한다.

부동산 투자 시 조심해야 될 5가지! 여기는 투자하지 마라

우리가 부동산을 투자하면서 조심해야 될 것이 있다. 첫째, 가보지도 않고 계약하지 말아야 하고 둘째, 주거지에서 30km 이상 떨어진 곳은 제외해야 한다. 셋째, 기획부동산 넷째, 호텔 분양, 다섯째, 지역주택조합은 조심해서 투자해야 된다.

첫째, 누가 뭐라고 해도 부동산 투자의 핵심은 임장에 있다. 직접 가서 봐야 된다는 것이다. 아무리 세상이 좋아졌어도 인터넷을 통해 부동산을 투자하는 것은 잘못된 생각이다.

그건 남녀가 맞선을 보는데 만나지 않고 영상통화를 통해 사람을 만나는 것과 같다. 사람의 겉모습만이 아닌 인성과 매너, 마음이 컴퓨터를 통해 어떻게 똑바로 전달될 수 있느냐는 말이다.

부동산도 마찬가지다. 요즘 워낙 인터넷이 발달되어서 정확한 부동산 그림을 볼 수 있다. 그러나 직접 가서 보는 것과는 하늘과 땅 차이가 난다. 직접 가서 현장을 보면 인터넷을 통해 볼 수 없는 주변의 환경과 분위기를 알 수 있고 유동인구와 지형, 지세 등 정확한 부동산 정보를 알 수 있다. 그리고 제일 중요한 설렘이 있다. 나는 부동산 임장에 갈 때마다 설렌다. 꼭 대학생 때 소개팅 가는 기분이라고 할까? 아무튼 어떤 부동산을 만날지 궁금하고 막상 보면 뭔지 모를 느낌이란 게 생기게 된다.

나도 그런 경험이 있었다. 다른 지역 소형 아파트를 경매받아서 임대차 계약을 했던 적이 있다. 그런데 집에서 멀다 보니 자주 가지 않게 되고 자연히 그 지역 시세와 분위기를 몰라서 매도 타이밍도 놓치고 임대 시기도 놓쳤다. 부동산 투자의 시작은 여러분이 가장 잘 알고 있는 가까운 지역에서 하는 게 가장 좋다.

둘째, 거주지에서 너무 멀리 떨어진 부동산은 회피하는 것이 좋다. 집에서 약 30km 이상 떨어진 부동산은 처음에는 관심을 갖고 자주 가게 되지만 시간이 지나면 관심에서 멀어지고 귀찮아서 자주 가지 못하게 된다. 자연히 시세 파악도 어려워 매도나 임대 타이밍을 놓치게 된다.

최근 몇 년 전에 전원주택이 붐을 일으켰던 적이 있다. 팍팍한 일상에서 벗어나 공기 좋은 곳의 땅을 사서 멋지게 집을 짓고 주말이면 가족과 같이 보내려고 만드는 집이었다. 그러나 집에서 너무 멀리 떨어져 있다 보니 처음 한 달간 열심히 왔다 갔다 한다. 그런데 시간이 지나니 그것도 귀찮아진다. 집에서 가까운 거리면 편하게 왔다 갔다 하겠는데 왕복 3~4시간씩 걸리니 점점 안 가는 횟수가 늘어나게 된다. 그래서 결국 사람이 없는 빈집을 만들게 되는 것이다.

셋째, 누구나 기획부동산에서 걸려온 전화 한 통은 받아보았을 것이다. 기획부동산은 자기가 작업을 다 해놓고 전화를 걸어서 앞으로의 개발 계획과 발전 상황 및 시세 차익 등을 현란한 말솜씨로 솔깃하게 이야기한다. 그리고 지금 딱 한 자리 남았다고, 지금 투자하시면 1년 후에 2배가 오른다고 한다. 그러면 마음 좋은 사모님은 계약금을 보내게 되어 있다. 이것이 함정인 것이다. 가만히 생각해보자. 1년 투자하고 2배가 오르는 부동산이 있으면 여러분 같으면 누구를 사게 하겠는가? 바로 자신이 사거나 가족이 사게 하지, 누구에게도 이런 정보를 주지 않을 것이다.

넷째, 요즘 전국에 중소형 호텔 붐이 일어나고 있다. 다들 분양 후 3년 수익률 확정이라고 광고하고 호텔을 분양하고 있다. 그러나 우리는 여기에서 조심해야 한다. 왜냐하면 호텔을 분양하는 업체는 분양이 끝나고 나면 다른 곳으로 이동하게 되어 있다. 그리고 3년은 긴 시간이다. 그때까지 이 호텔이 잘 운영될지, 경쟁 호텔이 인근에 생겨 호텔 영업이 잘안

될지, 아무도 모른다. 세금 부분도 정확히 살펴봐야 한다. 취·등록세와 재산세, 양도소득세 등을 정확히 알아보고 신중하게 투자해야 할 것이다. 앞에서는 벌고 뒤에서는 밑지는 장사를 해서는 안 되기 때문이다.

다섯째, 지금 부동산 경기가 좋은 지역은 지역주택사업이 활기를 띠고 있다. 왜냐하면 부동산 경기가 좋아서 주변 아파트 분양률이 높고 시세 가격이 올라가기 때문이다. 즉 우리 지역도 이런 흐름에 맞춰 지역주택조합을 설립해서 시공사를 선정하고 조합원을 모집하면 사업 진행이 잘 될 것 같은 생각이 들기 때문이다. 지역주택조합은 투자를 잘하면 주변 시세보다 훨씬 저렴하게 아파트를 구입할 수 있다. 그러나 조심해야 할 부분이 있다. 공사가 지연되거나 공사비가 추가로 발생하면 조합원들이 추가 분담금을 더 내야 한다. 그리고 조합 설립 시 주택건설대지의 80% 이상의 토지 사용 승낙서가 필요하다. 또한 사업계획승인을 받기 위해서는 95% 이상의 토지소유권을 확보해야 하기 때문에 사실상 사업이 빨리 진행되기 어렵다. 전국에 지역주택조합을 설립하고 추진하고 있는 단지가 너무도 많다. 그러나 실제 아파트 입주까지 성사된 단지는 10% 정도도 안 된다. '빛 좋은 개살구' 식으로 용두사미로 끝날 수가 있으니 신중하게 투자해야 한다.

내가 요즘 가장 많이 받는 질문 중 하나가 지역주택조합과 호텔 분양 물건을 투자해야 되는지에 대한 내용이다. 사람들은 누가 주변에서 시세보다 저렴하게 아파트를 샀다고 하면 사실을 정확히 알아보지도 않고 무조건 자신도 투자를 해야겠다면서 계약부터 하고 온다. 그리고 나중에 그곳에 대해 알아본다. 선 투자, 후 검토를 하는 것이다.

호텔 분양하는 모델 하우스에 직접 가면 계약을 안 하고 나오기 여간 힘든 일이 아니다. 그분들이 말하는 입지, 주변 시세, 수익률, 모델 하우스의 내부를 둘러보면 혹하지 않을 수 없다.

많은 사람들이 부동산과 밀접한 관계를 맺고 살아가면서 투자도 한다. 제대로 공부하지 못해서 잘 모르기 때문에 두렵고 어려운 것이다. 그래서 자꾸 "누가 뭐 샀다, 누가 돈을 벌었다."라고 하는 '카더라 통신'에 의지해 부동산 투자를 한다. 인생에 가장 비싼 선택을 해야 하는데도 다른 사람의 말에 의지해 잘못된 선택을 하는 것이다. 심지어 중국집에 가서 점심을 먹을 때도 자장면을 먹을지, 짬뽕을 먹을지 고민을 한다. '내가 오늘 아침으로 뭐 먹었지? 저녁 약속 때 뭐 먹는댔지?' 그 짧은 순간에도 신중하게 생각하고 선택한다.

하물며 부동산은 종잣돈을 쓰는 중대한 일이다. 그런 인생 절체절명의 순간에 아무런 공부나 경험도 없이 결정을 하는 게 말이 되는가? 당신의 부동산 투자법은 진짜인지 묻고 싶다.

부동산 투자는 함부로 해서는 안 된다. 부동산 투자 시 다음 5가지를 주의하고 명심하기 바란다.

첫째, 가보지 않고 계약하지 마라.

둘째, 주거지에서 30km 이상 떨어진 곳은 피하라.

셋째, 기획부동산은 멀리하라.

넷째, 호텔분양은 하지 마라.

다섯째, 지역주택조합은 하지 마라.

PART 2

부동산 투자에 대한
편견 깨부수기

01

부자의 생각 습관 VS 빈자의 생각 습관

천재란 한 세기를 빛내기 위해 태워질 운명을 지닌 유성이다.
−나폴레옹(프랑스의 군인, 황제)

부자와 빈자의 차이는 '생각의 차이'다

부자와 빈자의 가장 큰 차이점은 무엇일까? 나는 처음에는 운이 좋은 사람이 부자라고 생각했다. 운이 좋아 부모님 잘 만나서 재산을 많이 물려받아 부자가 되었다고 생각했다. 운이 좋아 우연히 땅을 샀는데 이것이 20년 뒤에 100배가 올라서 큰 부자가 되었다고 생각했다. 물론 운이 엄청 좋은 사람도 있다. 그러나 대부분의 부자는 시대의 흐름을 너무나 잘 알고 있을 뿐이다. 부자가 될 사람은 세상이 원하는 기준에 자기를 맞춘다.

이탈리아 철학자인 마키아벨리는 '지도자에게 필수 불가결한 요소는 재능, 운, 시대적 적합성'이라고 했다. 자기의 능력이 무엇보다 중요하지만 운도 중요하다고 말한다. 그리고 마지막으로 시대적 적합성을 강조한다. 아무리 내가 힘이 세고 싸움을 잘한다고 지도자가 될 수는 없는 것이다. 이렇듯 부자들은 시대의 흐름을 잘 알고 있다. 돈을 은행에 넣어놓아야 되는지, 아니면 투자를 해야 하는지 분명히 파악할 수 있는 것이다.

공병호 박사의 저서 중 『부자의 생각 빈자의 생각』이란 책이 있다. 이 책에서 '부자와 빈자, 성공한 사람과 실패한 사람, 즐거운 사람과 불행한 사람, 꿈이 있는 사람과 꿈이 없는 사람의 차이는 도대체 무엇일까?'라는 질문에 대해 한국의 최고 자기계발 전문가 공병호 박사는 바로 '생각의 차이'라고 규정한다.

그는 자신의 치열한 삶과 다양한 현장에서 직접 만나거나 문헌을 통해 알게 된 성공한 이들의 사례에서 인생의 중요한 생각의 사례를 돌출해낸다. 그리고 어떠한 외부 조건도 아닌 그러한 생각이야말로 그들의 성공을 결정짓는 핵심 요인이었음을 설명한다.

그러면 부자와 빈자의 생각의 차이는 무엇일까? 나는 얼마 전에 〈국가부도의 날〉을 감명 깊게 보았다. 대한민국 역사상 가장 치욕적인 사건 중 하나가 IMF 금융위기다. 많은 사람들이 한순간에 나락으로 떨어지고 신용불량자가 되었다. 그리고 회사가 부도나서 많은 실업자가 생기고 자살

하는 사람이 늘어났다. 세상은 온통 처음 겪는 국가부도의 사태로 암흑 천지로 변했다고 할 수 있다.

그런데 이런 혼란한 시기를 틈타 부자들은 부동산을 아주 저렴한 가격에 하나둘씩 매입했다. 누구는 그나마 갖고 있던 부동산을 다 팔고, 누구는 아주 저렴하게 사고 있었다. 그것은 어떤 생각의 차이일까? 아마도 부자들은 '나라가 망하지 않는 한 IMF는 금방 극복할 수 있을 것이다.'라고 생각했을 것이다. 반대로 빈자들은 '이제 부동산은 끝났다.'라고 생각했다.

2008년 미국 서브프라임 경제 위기 때도 마찬가지다. 세계 최강의 경제 대국도 경제 위기가 오는 데 우리나라도 이제 끝이라고 생각한 빈자들은 부동산을 헐값에 팔았고 부자들은 미국이 망하지 않는 이상 분명히 빠른 시일 내에 극복할 것이라고 생각했다. 어찌 보면 작은 생각의 차이가 엄청난 결과를 가져온다.

난세에 영웅이 나오듯이 경제 위기 때 큰 부자가 나오게 되어 있다. 경제가 평탄하고 안정되면 수익률도 작아지듯이 위험이 크고 대공황이 올 때 큰 수익을 벌 수 있는 것이다. 위기가 기회인 것이다.

부자는 항상 꿈을 꾸지만 빈자는 항상 현실의 안위함을 바란다

나는 1978년생, 97학번이다. 대학교 1학년 말에 IMF가 터졌다. 그 당시 대학생활의 신조는 1학년 때 놀지 않으면 평생 후회한다였다. 신입생 OT와 신입생 환영회 때도 "노세 노세 젊어서 노세 늙어지면 못 노나니"라는 노래가 유행할 정도로 신나게 놀았다. 신나게 1학년을 보낸 결과로 학점은 늘 1점대였고 주변에는 학사경고 수준까지 간 친구도 많았다. 그때 우리의 학점을 보고 프로야구 선수 선동렬 방어율이라고 했다.

하지만 금융위기가 터졌고 나를 포함한 동기들은 반강제로 1학년 마치고 바로 군대를 갔다. 이후 군 생활을 하면서 뉴스를 통해 혼란스러운 사회를 간접 경험했다. 그러나 당시 졸업 후 취업전선에 뛰어든 선배들은 IMF를 몸소 경험했다. 기업에서 신입사원을 뽑지 않았고 구조조정과 명예퇴직으로 많은 사람들이 한꺼번에 길거리로 나와야 했다. 그 당시 IMF를 잘 극복한 선배들을 보면 지금 다들 잘되어 있다. 성공한 이들도 많다. 인생의 예방주사를 맞고 단단해진 것이다. 그때의 경험이 큰 자산이되었다고 한다.

IMF 금융위기는 우리의 일상을 많이 바꿔놓았다. 그중에서 가장 많이 바뀐 것은 공무원 시험을 준비하는 사람들의 비율이 늘어난 점이다. 도전보다는 안정을 택하는 것이다. 그때부터 지금까지 공무원 경쟁률은 높다. 벤처기업을 만들어 세계에 도전하는 대신 편안한 연금을 받을 수 있는 공무원을 선택한 것이다.

내가 처음 다녔던 부경대 동기들의 60~70%는 공무원이다. 우체국 공무원에서부터 주민센터, 구청, 시청, 도서관 등 많은 곳에서 나라의 녹을 먹으며 안정적인 생활을 하고 있다. 시간이 지나면 호봉이 올라가고 진급도 하면서 정년 후의 편안한 연금생활을 꿈꾼다.

그러나 그들에게도 애환은 있다. 늘 같은 반복적인 일상과 생활에 염증을 느껴 잘 다니는 공무원을 그만둔 친구도 있다. 그리고 한 장소에서 쭉 근무하는 것이 아니라 계속 로테이션 근무이기 때문에 새로운 환경에 적응을 해야 하는 숙제도 있다. 세상에 쉬운 일이 어디 있겠는가? 의사, 변호사들도 다 힘든 점이 있다.

나의 대학교 친구인 K군은 고향이 제주도다. 제주도에서 부모님과 어릴 때 부산에 이사를 왔고 그곳에서 학교를 나왔다. 나와는 대학교 때 만나 친구가 되었다. 나는 이 친구에게 도움을 많이 받았다. 내가 인천에서 군 생활을 할 때, 부경대학교에서 경주대학교로 옮기는 과정에서 많은 도움을 주었다. 처음에 그 친구는 극구 반대를 했다. 왜 국립대학교에서 등록금도 비싼 사립대학교를 가려 하는지 이해하지 못했다.

아무튼 참 좋은 친구였던 K군은 어렵게 우체국에 합격하여 우체국 공무원이 되었다. 우리는 자주는 못 보더라도 친구들 결혼식이나 돌잔치 등에서 만나 회포를 푸는 사이였다. 그랬던 그 친구가 지금은 부산에 없다. 자기 고향인 제주도로 작년 말에 발령을 받아 내려간 것이다. 그는 고향인 제주도로 가니 너무 좋다고 했다. 사실 그는 아직 미혼이다. 내가 소개팅도 몇 번 시켜주고 자리를 마련해줬으나 잘되지 않았다. 그런데 아직 한창인 나이인데 고향으로 내려갔다는 게 마음이 안 좋았다. 한 번씩 전화 통화를 하는데 수화기에서 울리는 목소리에 힘이 있었다. 그런데 나는 왜 자꾸 그 소리가 쓸쓸하게 들리는지 모르겠다. '웃고 있어도 눈물이 난다.' 라는 노래 가사가 떠오른다. 아무튼 많은 생각이 든다.

K친구는 부동산 투자를 하지 않는다. 매월 공무원 월급으로 적금을 붓는다. 안정적인 생활과 안정적인 투자와 안정적인 미래를 꿈꾸는 것이다.

부자와 빈자의 삶은 크게 다른 것 같지만 사실 조그만 생각의 차이에서부터 시작된다. 사회 현상을 보는 눈이 다른 것이다. 위기를 기회로 생각하는 사람은 부자다. 그러나 위기를 위기로만 생각하는 사람은 빈자인 것이다. 부자는 미래를 보지만 빈자는 현재를 본다. 부자는 항상 꿈을 꾸지만 빈자는 항상 현실의 안위함을 바란다. 자, 여러분은 어느 편에 서겠는가?

투자 핵심 요약
01 생각의 차이가 부자와 빈자의 차이를 만든다

부자와 빈자의 차이는 '생각의 차이'다. 부자는 미래를 말하지만, 빈자는 과거를 말한다. 부자는 부동산 경기가 나쁠 때 싸게 사고, 빈자는 누가 부동산으로 돈을 벌었다고 소문이 나면 그제야 비싸게 산다.

02
경기가 흔들려도, 부자는 흔들리지 않는다

모든 사람은 천재성을 갖고 태어나지만,
대부분의 사람은 그것을 단지 몇 분간만 유지한다.
−에드가 바레즈(미국의 작곡가)

부자들은 정부 정책에 귀를 기울인다

우리나라에서는 부동산 재산을 제외한 금융재산이 10억 원 이상인 사람을 부자라고 말한다. 미국에서는 백만장자를 부자의 기준으로 삼는다. 많은 사람들은 '부자는 돈이 많으니까 부동산 경기가 안 좋아도 돈 문제를 해결할 수 있으니 걱정이 없다.'라고 말한다. 맞는 말이다. 여유 자금이 있으니 급한 불을 끌 수 있는 것이다.

2017년 새 정부 출범이후 '계속되는 부동산 규제 정책으로 나는 어떻게 살아남을 수 있을까? 쪽박 차는 것은 아닐까?'라고 걱정하는 사람들이 많다. 역대 새로운 대통령이 탄생하여 새 정부를 꾸리게 되면 친서민

정책의 일환으로 부동산 규제 정책을 펼친다. 부동산 가격이 너무 오르면 서민들의 박탈감이 상대적으로 커지기 때문에 정권 초기에 보유세와 양도세 등의 부동산 규제 정책을 펼치는 것이다.

그래서 많은 언론에서 2017년 하반기부터 정부의 고강도 부동산 규제 정책으로 인해 부동산 가격이 폭락할 것이라고 떠들어댔다. 그러나 서울 및 수도권 일부 지역은 짧은 시간에 폭등했고 정부 말을 듣고 부동산을 판 사람들은 허탈해했다. 심지어 부부싸움을 하고 이혼한 사람도 생겨났다고 한다. 그리고 그 후 정부는 폭등한 지역을 중심으로 핀셋 규제를 추가함으로써 지금 현재 집값을 안정시키고 있다.

앞으로 부동산 시장의 전망은 어떻게 될까? 어떤 전문가는 '이제 부동산 시장은 끝났다.'고 말한다. 2020년 이후 부동산 가격이 폭락할 것이라고 부정적인 예측을 한다. 반대로 2020년 이후가 되면 문재인 정부도 경제를 안정화시키기 위해 부동산 규제를 대폭 완화하는 방향으로 정책을 변화시킬 거라고 생각하는 이들도 있다.

그러면 도대체 누구의 말이 맞는 것일까? 사실 나도 모른다. 내가 그것을 알면 점쟁이나 신의 경지에 오른 사람일 것이다. 그러나 이것은 분명하다. 부자들은 부동산 경기가 안 좋을 때도 투자에 나선다는 것이다.

우리나라 사람들은 누가 부동산으로 돈 좀 벌었다고 소문이 나면 너도 나도 부동산 투자에 관심을 갖는다. 그러나 그때는 부동산 가격이 꼭지에 오른 시기라 제일 비싼 가격에 부동산을 구입한다. 반대로 지금처럼 뉴스에서 정부가 부동산 과열을 잡기 위해 규제 정책을 한다고 발표하면 하루아침에 부동산 시장은 끝났다며 깡통 전세니 부동산 대폭락이니 하는 말이 쏟아져 나온다. 아이러니하게도 부동산 가격이 올라갈 때는 꼭지에서도 부동산을 구입한다. 그리고 부동산 경기가 좋지 않아서 좋은 가격의 물건이 시장에 나와도 쳐다보지도 않는다. 그러나 이때 부자들은 움직인다.

예를 들어 예전에 4억 원이었던 30평대 아파트가 3억 초반까지 떨어지면 한두 개씩 매수에 나서는 것이다. 부동산으로 돈을 벌기 위해서는 다른 사람들과 반대로 생각해야 한다. 남들 살 때는 팔고 남들이 싸게 팔 때는 사야 되는 것이다. 그런데 아주 단순해 보이는 이 원칙은 사실 너무 어려워서 나도 용기가 나지 않을 때가 있다. 그러니 보통 사람들은 할 수 없는 것이다. '혹시 더 떨어지지는 않을까? 지금이 정말 바닥일까?' 하는 걱정이 앞서지만 과거의 학습 효과가 있다면 두려움 없이 투자를 할 수 있게 된다. 이것을 실천하고 있는 사람은 이미 고수의 반열에 올라 있다고 해도 과언이 아니다. 더 이상 이 책을 읽을 필요가 없다. 이 책을 덮어도 된다.

내가 아는 L사장은 자기가 하는 일을 자세하게 말하지 않는다. 그래서 알게 된 지 꽤 되었어도 직업에 대해 말하지 않는다. 그런데 그는 무조건 급매만 나오면 자기에게 이야기하라고 한다. 시세 대비 20%이상 떨어지면 구입하겠다고 항상 말한다. 부동산 경기가 좋을 때는 그에게 전화할 일이 없지만 요즘 같은 부동산 침체기에는 자주 통화한다. 최근 그는 급매 물건 2개를 소개해줘서 샀고 전세를 2개 다 놓았다.

대부분의 부자는 그처럼 경기가 좋을 때는 움직이지 않다가 부동산 경기가 나빠지거나 경제 위기가 온다는 소문이 나면 움직이기 시작한다. 자기만의 투자 철학이 있다. 어쩌면 부자들은 경기가 좋을 때보다 경기가 나쁘기만을 기다리는 것 같다. 그때가 돈을 벌 수 있는 기회라고 생각하는 것이다. 경기가 좋을 때는 누구나 부동산을 사야 하기 때문에 좋은 가격에 살 수 없지만 경기가 안 좋거나 서브프라임 같은 경제 위기가 오면 기회라고 생각하는 것 같다.

부자들의 투자 마인드, '떨어진 곳은 반드시 오른다'

그리고 부자들은 '떨어진 곳은 반드시 오른다.'라는 확신이 있는 것 같다. L사장과 같이 시세의 20% 정도 떨어진 급매 부동산을 매수하여 가격이 회복하면 매매를 통해 시세 차익을 남기는 시스템이라고 보면 된다. 그 기간을 전세 임대차 기간인 2년, 길게는 4년으로 봐서 수익을 남기는 것이다.

이렇게 보면 부동산 투자는 참 쉬워 보인다. 싸게 사서 오르면 제값에 팔면 되기 때문이다. 이때 하나 간과하지 말아야 될 것이 있다. 부자들은 매도 타이밍을 정해놓고 매수를 결정한다. 대부분의 사람은 무조건 시세보다 싸게만 살려고 한다. 싸게 사는 것도 중요하지만 잘 파는 것도 중요하다. 왜냐하면 잘 팔아야 수익이 나기 때문이다. 싸게는 샀는데 팔려고 하니 잘 팔리지 않고 애를 먹다 보면 기회비용이 발생하기 때문이다.

그러면 부자들은 어떻게 매도 시기를 정해놓고 살 수 있을까? 그건 매도 시점 때 매수한 부동산의 입주 물량을 체크하는 것이다. 매도 시점에 새 아파트 입주가 집중되면 전세금이 떨어지고 매매 금액도 떨어지게 되어 있다. 부동산 투자를 할 때 매도 시점의 아파트 입주 물량을 체크하고 입주가 적거나 없는 지역의 아파트를 구입하면 되는 것이다.

건설사는 많은 직원을 두고 사업을 진행한다. 건설사들의 최대 목적은 최대한 빠른 시간에 아파트 분양을 마치고 다른 지역으로 이동하는 것이다. 반대로 가장 걱정하는 부분은 미분양이 되어 계속 직원을 상주시키고 마케팅 비용을 들여서 홍보비를 계속 써야 하는 상황이다. 그래서 부동산 경기에 민감하다. 지금 분양을 해도 미분양이 안 될 지역에만 분양하는 것이다.

그래서 부동산 경기가 좋지 않으면 아파트 분양을 하지 않는다. 그러면 아파트 공급이 원활해지지 않아서 공급 부족 사태가 오고 가격이 올라간다. 다시 부동산 경기가 좋아서 너도나도 건설사에서 분양을 하면 3~4년 후 또다시 공급물량이 많아져서 가격이 떨어진다. 여태껏 부동산 시스템 주기는 늘 이랬다.

부자들은 건설사의 이런 분양 시스템을 알고 있는 것이다

부동산 경기가 흔들려도 부자들은 흔들리지 않는다. 왜냐하면 부자들은 부동산 가격 시스템을 정확히 알고 있다. 어쩌면 부동산 경기가 나빠지기만 기다리는 사람일 수 있다. IMF와 2008년 미국 서브프라임 경제위기에서도 혼란한 틈을 타서 부자들은 투자를 했고 가격이 회복되면 다시 투자를 했던 것이다.

그러면 가격이 떨어지면 아무 데나 투자해도 될까? 아니다. 나중에 잘 팔리는 부동산을 매매하는 것이다. 주로 새 아파트 소형 평수를 투자하는 것이다. 부동산의 여러 종목 중 가장 환금성 좋은 상품이 아파트이고 그중 신규 아파트 소형 평수가 가장 수요층이 많기 때문이다. 재개발·재건축으로 인한 멸실 세대와 이혼으로 인해 세대 분리를 해야 되는 세대는 꼭 있다. 그리고 직장, 학교 등의 문제로 매년 신규 아파트는 필요하기 때문이다.

부자들은 부동산 경기가 나쁠 때 투자를 한다. 보통 시세 대비 싸게 살 수 있기 때문이다. 그리고 시간을 두고 기다린다. 떨어진 곳 중 반드시 오를 지역에 투자를 하기 때문에 시세 차익을 남길 수 있다.

03

무조건 싸게 사면 된다고?

삶은 잔인한 교사다. 삶은 당신에게 먼저 벌을 준 후 교훈을 준다.
―로버트 기요사키(미국의 작가, 경제학자)

무조건 싸게 산다고 돈을 버는 것은 아니다

"부동산은 사는 게 중요할까? 파는 게 중요할까?" 이런 질문을 받으면 나는 "학생들에게 공부를 잘하는 게 중요할까? 취직을 잘하는 게 중요할까?"라고 되물어본다. 그럼 둘 다 중요하다고 말한다. 부동산 투자도 마찬가지다. 잘 사야 잘 팔 수 있기 때문이다. 여기 '잘 산다'라는 의미를 '무조건 싸게 사면 된다'고 이해하면 안 된다. 물론 싸게 사는 것도 중요하다. 왜냐하면 싸게 사야 조금 비싸게 팔 수 있으니 말이다. 그러나 부동산은 싼 게 비지떡인 게 많다. 부동산의 특성 중 개별성이란 게 있다. 아파트를 예로 들면 101동과 102동의 시세가 다르다. 그리고 101동 301호와 같은 동 2501호의 시세는 다른 것이다. 왜 같은 아파트 같은 동인데도 가격 차이가 날까? 그것은 아파트 동, 호수에 따라 일조량, 조망, 내부 인테리어, 집 상태 등이 다르기 때문이다. 이것을 우리는 부동산 용어로 개별성이라고 한다. 각각 개별적인 특징이 가격을 결정한다는 것이다. 그래서 무조건 싸다고 사면 나중에 더 싸게 팔아야 하고 잘 안 팔릴 수도 있다.

나는 가격에 민감하다. 투자할 물건이 나오면 가격이 싼 물건이 제일 먼저 눈에 들어온다. 당장 초기 비용이 줄어들기 때문에 부담이 없다. 그런데 나중에 매도할 때 무조건 싼 게 좋지 않다는 것을 뼈저리게 느낀다.

예전에 나 홀로 아파트를 갭 투자한 적이 있다. 지하철을 타러 가다가 전봇대에 붙어 있는 광고를 보고 계약을 했다. 나 홀로 아파트는 아파트 1개동만 지어진 아파트를 말한다. 나 홀로 아파트의 장점은 주변 대단지 아파트보다 가격이 저렴하다는 것이다. 그리고 역세권에 위치해서 교통이 편리하다. 아파트 내부 자제와 인테리어가 잘 되어 있고, 빌트인도 다른 아파트에 비해 잘 갖춰져 있다. 그 이유는 나 홀로 아파트가 왜 만들어지는지를 보면 된다.

건설회사가 아파트를 짓기 위해서는 땅이 필요하다. 대단지 아파트를 짓기 위해서는 더 많은 땅이 필요하다. 그래서 주택이나 허름한 맨션 등을 작업해서 땅을 확보해야 한다. 그러나 집값이 오르는 시기에는 수지가 많지 않아서 주택을 매입하기가 힘들다. 그리고 부동산 경기가 좋지 않으면 분양이 어렵기 때문에 망설여진다. 그래서 더 이상 계속 땅을 매입할 수 없다는 판단하에 좁은 땅에 한 동짜리 아파트를 짓는 것이다. 그럼 건설사에서는 주택을 매입할 때 아파트를 지으면 분양이 잘되는 곳에 매입하게 된다. 그것이 역세권 주변 지역이다. 그리고 대단지 아파트 보다 생활 편의 시설이 부족하기 때문에 분양가를 시세보다 저렴하게 책정한다. 그리고 건설사의 목적은 빨리 분양을 끝내고 다른 사업장으로 옮겨가는 게 목표이기 때문에 아파트 구조나 인테리어를 잘 만든다.

내가 예전에 계약한 아파트도 1개 동으로 이루어진 15층의 34평짜리 나 홀로 아파트였다. 준공 후 5년 된 깨끗한 아파트였다. 내부를 보자 마음에 들었다. 거실도 넓게 빠졌고 방도 컸으며 김치냉장고와 드럼 세탁기도 빌트인이 되어 있어 젊은 신혼부부에게 전세를 줄 수 있겠다고 생각했다. 그때 나온 물건이 2개가 있었는데 하나는 9층이고 다른 하나는 4층이었다. 9층은 탁 트여서 일조량과 조망이 좋았고, 4층은 앞의 건물 때문에 막혀 있어 조금은 답답했다. 매매 금액은 9층은 1억 5,000만 원, 4층은 1억 3,000만 원이었다. 매매금액이 2,000만 원이나 차이가 났다.

순간 엄청 고민했다. 그러나 아내가 비싸도 높은 것을 하자고 해서 9

층을 선택했다. 9층은 마침 공실이어서 바로 전세를 맞추었고 전세 1억 3,000만 원에 신혼부부가 들어왔다. 결국 내 돈 2천만 원과 취·등록세 부동산 수수료 등을 지불하고 마무리된 것이다.

그리고 2년 뒤에 1억 8,800만 원에 매도를 했다. 집을 처음 보자마자 바로 계약했다. 나는 마음속으로 부동산은 비싸도 좋은 것을 선택해야 전세도 잘 나가고 매매도 잘된다는 것을 깨달았다.

주변에 부동산을 투자하면서 무조건 싸게 사면 된다고 하는 분들이 있다. 물론 완전 틀린 말은 아니다. 그러나 싼 물건 중에서 사지 말아야 될 물건도 있다. 나중에 팔 때를 생각해야 한다. 우리가 부동산을 투자하는 이유는 여러 가지다. 보통 매달 받는 월세 수입과 나중에 팔 때 얻을 시세 차익을 보고 투자하는 것이다. 결국은 팔아야 된다. 아무리 싸게 사서 보유까지 잘했어도 팔 때 안 팔리면 무슨 소용이겠는가? 팔릴 때까지 마음고생을 해야 한다. 차라리 빨리 팔고 다른 물건을 사는 게 낫다.

앞의 사례에서 나 홀로 아파트 투자 때 내가 고민한 이유가 있었다. 4층은 매매가가 1억 3,000만 원밖에 안했기 때문에 전세를 1억 3,000만 원에 내면 내 돈이 거의 안 들어갈 수 있었던 것이었다. 결국 아내의 주장대로 9층을 선택해서 초기 비용은 들어갔지만 결론적으로 빨리 매매가 되고 수익을 남기는 잘된 선택이었다.

남도 먹을 것이 있어야 부동산 투자를 한다

그러면 앞서 말한 나 홀로 아파트 투자가 성공적이었을까? 2,000만 원 정도 투자해서 2년에 세금 빼고 3,000만 원 정도 수익이 났으니 잘된 투자라고 생각 할 것이다. 그러나 나 홀로 아파트 투자는 절반만 성공한 투자였다. 왜냐하면 그 후에 안 사실인데 내가 팔고 얼마 안 있어서 아파트 가격이 엄청 올랐다고 한다.

나는 부동산 투자 강의를 위해 예전에 내가 투자했던 부동산을 가끔 조사한다. 그 후 어떻게 가격이 변했을지 궁금하기도 하니 말이다.

나 홀로 아파트 매매 후 몇 년 뒤에 가보니 바로 옆에 다른 나 홀로 아파트가 올라와 있었다. 부동산에 들어가서 확인해 보니 분양가가 800만 원대에 분양을 했다고 한다. 그럼 30평대가 2억 6,000만 원에서 2억 7,000만 원 정도였다. 그리고 예전에 내가 판 아파트의 가격을 보니 많이 올라서 2억 3,000만~2억 4,000만 원 정도로 가격 형성이 되어 있었다. 나는 한편으로 가슴을 쳤다. '전세 한 바퀴만 더 돌리고 매매할 걸, 왜 주변 환경도 알아보지 않고 매매했을까?'라는 후회가 밀려왔다.

부동산 가격이 계속 상승하는 이유 중 하나는 건설 비용이 매년 상승하기 때문이다. 건설 인부의 하루 일당이 매년 상승하고 철근 값, 시멘트 비용, 자재 값 등 안 오르는 것이 없다. 예전에는 아파트를 짓는 데 평당

200~250만 원 정도의 비용이 들었지만 지금은 최소 400만 원 이상의 비용이 든다. 이것뿐이겠는가? 건설법, 주택법이 강화되어 층간 두께와 주차장 넓이 등의 건축 비용이 기하급수적으로 늘어나고 있다. 아파트 짓는 비용이 늘어나기 때문에 분양 가격도 계속 상승할 수밖에 없다. 그래서 부동산 가격은 우상향으로 상승하는 게 맞다.

부동산은 싸게 사는 것도 중요하지만 좋은 것을 사야 된다. 좋은 것을 사기 위해서는 가격을 조금 더 지불해야 된다. 왜냐하면 싸고 좋은 것은 이 세상에 없기 때문이다. 좋은 것을 사야 빨리 팔 수 있고 잘 팔 수 있다. 빨리 잘 팔아야 마음고생을 안 하고 다른 부동산에 또 투자할 수 있다. 결국 무조건 싸게 사는 것은 정답이 아니다.

투자 핵심 요약
03 싸게 사서 비싸게 팔아라!

부동산 투자에서 싸게 사는 게 중요하다. 그러나 더 중요한 것이 있다. 싸게 사서 비싸게 팔면 된다. 이때 중요한 것은 비싸게 파는 타이밍을 정해놓고 투자를 해야 된다는 것이다. 이것을 반복하면 부자가 될 수 있다.

04

돈이 좀 있어야 투자를 한다고?

현재가 과거와 다르기 원한다면 과거를 공부하라.
−바뤼흐 스피노자(네덜란드의 철학자)

부동산 투자는 부자들만 할 수 있는 전유물이 아니다

'결혼은 선택이지만 부동산 투자는 필수다.'라는 말이 있다. 요즘 결혼을 워낙 안 해서 생긴 말이기도 하지만 누구나 부동산 투자를 꼭 해야 한다는 의미다. 우리 젊은이들은 연애, 결혼, 출산을 포기하는 3포 시대에 살고 있다. 왜 이렇게 젊은 세대들은 많은 것을 포기하고 살아가는 것일까? 포기하지 않고 모든 것을 누리면서 살 수는 없는 걸까? 자꾸 부동산 투자를 부자들만 할 수 있는 재테크의 수단이라고 생각하면 큰 오산이다. 부동산 가격이 비싸기 때문에 돈이 없어서 투자를 못 한다고 하는 사람들이 너무나 많다. 물론 비싼 부동산도 세상에는 많다. 그러나 적은 돈으로도 얼마든지 투자할 수 있는 곳이 많다.

내가 여태껏 부동산 투자를 했던 많은 물건은 초기 비용이 1,000만 원부터 1억 원 정도였다. 절대 큰돈이 있어야만 부동산 투자를 한다고 생각해서는 안 된다. 주로 주택담보대출을 활용하거나 전세 낀 아파트를 갭투자하는 형식이었다. 전세 낀 물건이 없으면 매매 후 전세가 잘 나가는 부동산을 매수하면 된다. 그리고 내가 살고 있는 부동산은 실거주 및 재테크를 할 수 있는 부동산이었기 때문에 큰 부담이 되지 않았다.

부동산을 처음 투자하는 이들에게 먼저 내 집 마련을 하라고 강조하고 싶다. 내 집 마련에 성공해야지, 다음 투자를 기대할 수 있다. 내 집 마련을 할 때는 자신이 속한 상황을 잘 판단해서 투자해야 한다. 만약 미혼의 직장인이면 회사 근처에 내 집 마련을 하는 게 좋다. 회사와의 접근성을 최대한 활용하여 교통비와 출퇴근의 시간을 최대한 줄이는 쪽이 좋다. 그리고 신혼부부인 경우도 아이가 초등학교 들어가기 전까지는 학군보다는 회사 근처의 역세권 20평대 소형 아파트를 권하고 싶다. 왜냐하면 20평대 소형 아파트는 수요가 가장 많고 환금성이 뛰어나기 때문이다. 지역마다 가격이 천차만별이지만 내 집 마련은 빠르면 빠를수록 좋다고 생각한다.

내 집을 마련한 사람은 여유가 있다. 전세 기간이 만료될 때의 불안감이 없어진다. 내가 파는 시기를 결정할 수 있다. 자기 집이 없고 전세나 월세를 사는 사람은 불안하다. 집값이 떨어져도 불안하고 집값이 올라도 불안하다. 집값이 떨어지면 전세 보증금을 돌려받지 못할까 봐 불안하고, 반대로 집값이 오르면 주인이 전세 보증금을 올려달라고 할까 봐 불안하다. 아니면 전세 끼고 매매를 할 수도 있어 세입자는 불안해진다.

내 고등학교 친구 M군은 결혼과 동시에 24평 아파트 전세에 살았다. 그런데 2년이 지나자 집주인이 전세 보증금 2,000만 원을 올려달라고 했다. 전셋집이 회사도 가깝고 생활하기 편리한 환경이라 2,000만 원을 올려주고 재계약을 했다. 재계약 때마다 나에게 전화를 해서 '전세 재계약할 때 계약서는 다시 써야 되는지, 전입과 확정일자를 다시 받아야 되는지' 등을 묻는다. 그러면 나는 그것에 대해 답하며 끝으로 한마디를 덧붙인다. 그냥 거기 아파트를 사면 안 되겠냐고 설득하지만 절대 집을 살 마음이 없다고 한다. 이제 오를 만큼 올라서 지금 사면 꼭지라고 친구 스스로 단념해버린다.

그리고 또 2년이란 세월이 흘렀다. 친구가 또 전화가 온다. 집주인이 다시 1,500만 원의 보증금을 올려달라고 한다며 푸념한다. 이번에는 자기가 돈이 모은 게 없어 부모님에게 빌려야겠다고 했다. 벌써 두 번째 보증금을 인상해줬다. 친구는 집 주인에게 전화가 오면 가슴이 철렁 내려앉는다고 한다. 불안하게 살고 있는 것이다.

만약 친구가 결혼과 동시에 신혼집을 사서 내 집 마련을 했다면 어땠을까? 아마 전세를 살 때 보다는 대출을 갚느라 빠듯한 생활을 했을 것이다. 그러나 불안하지는 않았을 것이다.

그리고 최근에 또 M군의 전화가 왔다. 이제는 집을 사야겠다고 했다. 이유를 물어보니 이제는 소중한 아이도 태어나고 자꾸 돈 들어 갈 때는 많은데 전세 보증금을 올려줄 수가 없다고 했다. 그런데 전세 2년 기간이 3번이나 흘러서 6년 동안 아파트 가격은 친구가 살 수 없는 금액만큼 상승해버렸다. 이제는 진짜 살 수가 없게 된 것이다.

무주택자가 집을 살 수 있는 절호의 찬스는 지금이다

나는 부동산 투자 강의를 여러 군데에서 하고 있다. 강의를 듣는 이들 중 신혼부부에게는 반드시 집을 사라고 한다. 사람이 종잣돈을 가장 열심히 모을 때는 절박할 때다. 부부가 같이 대출을 갚아 나가면 돈의 소중함도 알게 되고 과소비도 안 하게 된다. 그리고 요즘 아파트 청약 제도에서 신혼부부 특별공급을 활용하면 내 집 마련을 훨씬 빨리 이룰 수 있다. 예전보다 민간 아파트의 경우 공급 세대수가 2배나 늘어났다. 그리고 규제 지역의 아파트 청약은 무주택자의 당첨 확률이 훨씬 높아졌다. 무주택자가 집을 살 수 있는 기회는 지금이다.

무주택자가 생애 최초의 주택을 구입할 경우 디딤돌 대출이라는 대출

제도를 활용하면 아주 저렴한 금리로 집값의 70%까지 대출받을 수 있다. 지금의 부동산 대출 정책은, 집을 가진 유주택자의 대출에는 제한이 많지만 무주택자들의 내 집 마련을 위한 대출에는 혜택이 많다고 할 수 있다.

그리고 월세를 사는 사람들은 매달 주인에게 입금하는 임대료는 주인 돈이다. 내 돈이 아닌 것이다. 즉 주인을 위해 일을 하게 된다. 그러나 여러분이 집을 사서 대출에 대한 이자를 내는 것은 여러분을 위해 일을 하는 것이다. 여러분 소유의 집이기 때문에 부동산 가격이 상승하면 여러분 재산이 늘어날 수 있다. 사정상 이사를 간다고 해도 여러분이 주인이 되어 세입자를 맞추게 되면 은행 이자를 제외한 나머지는 여러분의 월세 수익이 된다.

내가 '부동산 투자는 돈 좀 있는 사람들만의 재테크가 아니다.'라고 강조하는 이유는 명확하다. 꿈도 희망도 없이 이 시대를 살아가는, 경제적으로 자유로운 삶을 꿈꾸는 젊은이들에게 희망을 주고 싶기 때문이다. 나도 부동산 재테크를 알게 되면서 인생이 바뀌었다. 막상 집을 사고 대출을 받으면 겁부터 난다. 나의 적은 월급으로 대출 이자를 갚을 수 있을까? 혹시 대출 이자가 밀려 경매가 진행되는 것은 아닐까? 등의 걱정이 앞선다. 그러나 여러분은 대출을 받는 순간 마음 자세가 달라진다. 생활 습관도 바뀌게 된다. 친구들과의 술자리를 피하게 된다. 물론 과소비도 줄어든다. 대출 이자에 대한 고민으로 철저하게 절약을 실천하게 되는 것이다.

그럼 돈이 없는 사람은 어떻게 부동산 재테크를 해야 할까?

첫째는 부동산 투자 공부를 해야 한다. 돈이 적기 때문에 투자할 수 있는 부동산 범위도 줄어든다. 그리고 투자에 실패해서는 절대 안 된다. 그것을 위해서는 부동산을 알아야 한다. 관심 있는 분야의 부동산 책을 읽고 간접 경험을 해봐야 한다.

둘째는 내 집 마련을 통한 실거주 주택에 투자하면서 앞으로 상승할 수 있는 부동산을 선택하는 것이다. 살면서 부동산 가격이 오르면 금상첨화인 것이다.

마지막으로 소액 투자를 할 수 있는 부동산을 찾기 위해 많이 돌아다녀야 한다. 아무도 관심이 없는 곳에 보물이 숨겨져 있기 때문이다. 사막이 아름다운 건 어딘가에 샘을 숨기고 있기 때문이다. 부동산도 세상에 너무나 많다. 단지 여러분의 좋은 보물을 찾기 위해 시간이 필요한 것이다.

부동산 투자는 이 시대를 살아가는 사람들의 숙명이다. 돈이 없는 사람도 종잣돈을 모으면서 부동산 공부를 해야 한다. 그리고 내 집 마련을 통해 주거의 안정성을 확보해야 한다. 투자를 통해 안정된 생활 속에서 미래의 안위함을 즐겨야 한다.

05

기본 원리만 알면 투자가 쉬워진다

한 사람의 부자가 나오기 위해서는 100명의 가난한 사람이 필요하다.
－『칼 마르크스의 자본론』 중에서

부동산 가격은 가격과 가치가 합해진 결과이다

나는 부동산을 재화라고 생각한다. 재화란 '인간이 바라는 바를 충족시켜주는 모든 물건'을 말한다. 그럼 재화의 가격은 무엇으로 결정되는가? 바로 우리가 학교에서 배운 수요와 공급 법칙으로 결정된다. 수요가 많으면 가격이 올라가고 공급이 많으면 가격이 내려간다. 모든 재화는 수요와 공급의 법칙이 가격을 좌우하는 것이다. 부동산도 마찬가지다. 아파트를 살려고 하는 사람이 많으면 가격이 올라간다. 반대로 아파트 공급 물량이 쏟아지면 아파트 가격이 떨어지는 것이다. 참으로 쉬운 이야기다. 이보다 더 쉽게 수요와 공급 법칙을 설명할 수 있는 사람 있으면 손들어 보아라!

그럼 가격은 무엇인가? 재화나 용역 1단위를 구입하는 데 지불하는 화폐 금액이다. 이것을 절대 가격이라고 하는데 현재 절대 가격이 통용되고 있다. 예전의 화폐 수단이었던 물물교환경제에서는 재화와 재화가 교환되었는데 그 비율을 상대 가격이라 한다. 그리고 이러한 가격은 시장에서 사는 사람 수요자와 공급하는 공급자의 의사가 일치할 때 이루어지며 이를 시장 가격이라고 한다. 그런데 어떤 재화의 가격이 성립하는 것은 그 재화의 경제적 가치가 존재하기 때문에 이루어지는 것이다. 즉 가격은 특정 재화에 대한 교환의 대가로서 부동산을 산 매수인이 지불하는 금액이고, 가치는 장래 기대되는 편익을 현재 가치로 환원한 값을 말한다. 즉, 가격은 과거의 값이고 가치는 현재와 미래의 값이라고 할 수 있다.

부동산 가격은 여러 가지 복잡한 개념으로, 부동산 그 자체의 가격과 그 부동산을 둘러싸고 있는 환경의 가격이 합쳐진 것이다. 가격과 가치가 합쳐진 결과라 할 수 있다. 부동산 가격은 수요와 공급에 의해 결정되고 정해진 가격은 다시 수요와 공급에 영향을 미쳐 수급을 조절하는 가격의 이중성을 갖고 있다.

예를 들어 토지 매매를 할 때 매수인은 어떻게든 싸게 살려고 하고 매도인은 어떻게든 비싸게 팔려고 한다. 이것은 세상 이치다. 혹시 여러분

중에 부동산을 매수하면서 조금이라도 비싸게 사려고 하는 사람을 본 적이 있는가? 아니면 부동산을 매도하면서 조금이라도 싸게 팔려고 하는 사람을 봤는가? 토지 매매 가격은 먼저 매도인에 의해 금액이 결정된다. 그러면 매수인은 이 가격보다 깎으려고 한다. 이때 이 토지의 미래 가치를 낮게 판단하면서 깎으려 할 것이다. 그러나 매도인은 이 토지의 미래 가치가 높다고 말하면서 최대한 처음 가격에서 매매되기를 원하게 된다. 이때 매도인의 처음 가격으로 매매 가격이 결정되면 매수인이 양보를 한 것이다. 즉, 매수인이 이 토지의 미래 가치를 더 크게 보았기 때문에 그러한 가격 결정이 이루어진 것이다. 이렇듯 부동산의 가격은 가격과 가치를 합친 산물이라고 할 수 있다.

그러나 이것이 부동산 가격의 전부는 아니다. 부동산 가격이 어떻게 형성되고 유지되는지 설명할 수 있는 원칙이 있다. 이 부동산 가격의 원칙은 부동산 감정평가 활동의 지침이 되며 가격 원칙은 변하고 각각의 개별 원칙은 시간적·공간적으로 관련을 갖고 연속하여 작용하는 특성을 갖고 있다.

부동산의 3가지 원칙만 알면 부동산을 이해할 수 있다
부동산 가격의 다양한 원칙에는 수요와 공급의 원칙, 인구 증가·감소의 원칙, 개발의 원칙, 희소성의 원칙, 변동의 원칙, 대체의 원칙, 균형의 원칙, 수익 배분의 원칙, 기여의 원칙, 적합의 원칙, 경쟁의 원칙, 예측의 원칙, 최 유효 이용의 원칙, 수익 체증·체감의 원칙, 한계효용체감의 원칙 등이 있다. 그렇다고 여러분이 이 많은 원칙을 다 알고 부동산을 투자해야 하는 것은 아니다. 만약 이러한 원칙을 전부 다 알아야 한다면 부동산 박사학위를 받은 사람만 부동산 투자를 할 수 있을 것이다.

나는 앞의 부동산 가격의 다양한 원칙 중 '수요와 공급의 원칙'과 '인구 증가·감소의 원칙' 및 '개발의 원칙'을 자주 사용한다.

첫째, '가격의 결정 요인은 수요와 공급에 의해 결정된다.'는 것은 가장 중요한 원칙이다. 여러분이 부동산 투자를 할 때 주변 시세를 파악하는 일과 매도 시점에 입주 물량을 파악하는 일은 기본 중의 기본이다. 그것은 전쟁에 나가는데 총을 꼭 가져가야 되는 것과 다를 바가 없다.

둘째, 인구증가·감소의 원칙이다. 나는 실제로 아파트, 빌라와 같은 주택에 투자할 때는 앞으로 인구가 늘어날 지역에 투자를 한다. 인구가 늘어나는 지역은 부동산 가격이 상승할 가능성이 크다. 일단 사람이 많아지면 상권이 발달한다. 상권이 좋아지면 유동인구가 늘어나게 되고 상가에 장사하려는 사람들이 많아지면서 동네가 살아난다. 주거 환경이 좋아지면서 주변에 주택 수요가 증가하고 이 수요는 주택 가격에 영향을 미치게 된다. 결국 사람이 많아야 부동산이 상승하는 것이다.

셋째, 개발의 원칙이다. 나는 부동산 투자를 할 때 지금보다는 미래 가치를 중요하게 생각한다. 특히 선분양 제도인 분양권 투자 시 분양 시기와 입주 시기가 보통 3~4년 정도 차이가 난다. 분양할 때는 이곳에 지하철이 안 다녔는데 입주할 때쯤 되어 지하철이 개통되면 분양권이 오르기 시작한다. 그리고 분양할 때는 생태공원, 백화점, 대형마트가 없었는데 입주 후에 공원이 들어오고, 백화점이 입점하고, 대형마트가 들어오면 아파트 가격이 오르게 된다. 이것은 미래 가치가 지금 가격에 반영되는 것이다. 나는 재테크 강의를 할 때 머릿속에 여기가 어떻게 변할지를 미리 그려보라고 한다. 지금은 허허벌판이지만 그곳에 지하철이 들어왔을 때를 그려보면 미래 가치가 다르게 보일 것이다. 그러나 많은 사람들은 현재의 가치만 생각하고 판단한다.

이제부터 부동산 투자를 하려면 앞의 세 가지 기본 원칙을 명심하라

그러면 앞으로 오를 부동산에 투자할 수 있다

나는 아파트 분양권 투자를 할 때 앞의 세 가지 원칙에 입각하여 투자 계획을 세운다. 일단 분양하는 아파트는 입주 시기가 정해져 있다. 예전에는 입주 시기가 건설사에 따라 달라져서 혼돈이 많이 있었지만 요즘은 거의 일치한다. 그래서 입주 때의 주변 부동산 공급 상태를 확인한다. 이때 너무 공급되는 물량이 많으면 전세 가격도 내려가기 때문에 신중하게 투자한다. 전세가 안 맞춰질 때를 대비해야 된다. 그리고 분양 시기 때는 지하철이 안 다녔지만 입주 때는 지하철이 개통되는 지역과 주변 환경이 좋아질 지역에 투자한다. 사람들은 그런 곳이면 나도 투자할 수 있다고 생각하지만 대부분 실제 눈에 보이지 않으면 믿기 어려워서 결국 투자한 사람만 돈을 벌 수 있다. 그리고 인구가 줄어드는 지역이 아닌 인구가 계속 늘어나는 지역에 투자를 한다. 그러면 아파트 수요가 늘어나기 때문에 결국은 가격이 오를 수밖에 없는 것이다.

부동산 투자는 박사학위를 가진 사람만 투자할 수 있는 것이 아니다. 주변에 많은 사람들은 남녀노소 지위고하를 막론하고 투자를 한다. 문제는 투자를 하는 것이 아닌 투자를 해서 수익을 내는 것이다. 그것을 위해서는 투자 타이밍을 잘 잡아야 한다. 어디에 무엇을 살 것인지 정확히 판단할 줄 아는 노하우가 필요한 것이다. 그러므로 최소한의 부동산 가격의 기본 원칙을 숙지해야 한다.

부동산 가격은 다른 재화와 달리 현재의 가격과 미래의 가치를 합한 금액으로 성립된다. 미래의 가치가 높은 물건을 현재의 가격으로 싸게 사면 된다.

06

투자보다 숲을 보는 안목 키우기가 먼저다

성공의 가장 큰 적은 실패에 대한 두려움이다.
─스벤 예란 에릭손(축구감독)

부동산 투자를 하기 전에 경제의 흐름을 먼저 배워야 한다

부동산 투자는 큰 그림을 그려야 부동산이 보인다. 작은 그림을 그리면 눈이 나쁜 사람은 잘 보이지 않고, 너무 지금 당장의 수익률에 연연해서 좋은 물건을 놓치는 우를 범하면 안 되기 때문이다. 경매 투자를 해보신 분은 법원 입찰장에 가봤을 것이다. 그곳은 입찰이 끝나고 12시쯤 되면 입찰에 대해 1등을 한 사람을 호명한다. 가끔씩 들려오는 이야기 중 100% 넘게 단독 입찰을 받아가는 사람도 있다. 우리는 이런 사람을 고수 아니면 하수라고 부른다. 왜냐하면 단독 입찰이면 경쟁자가 한 명도 없다는 것인데 100% 이상 금액을 적어낸 것이기 때문이다. 이중에는 진짜 고수도 있고 하수도 있을 것이다. 고수는 다른 사람은 보지 못하는 이 부동산의 가치를 알고 있는 것이지만 하수는 권리 분석을 잘못해서 혼자 낙찰받은 것이다. 하수들은 차라리 부동산 사무실에 가서 시세대로 매매해도 이 가격에 살 수 있다. 그러니 굳이 명도도 해야 하는 경매를 통해 투자 할 필요가 없다.

부동산 투자를 하기 전에 경제의 흐름을 먼저 배워야 한다. 중국집에 가서 일을 배울 때 주방장이 처음부터 칼질하는 것을 가르쳐주지 않는다. 처음에는 설거지와 청소부터 시킨다. 왜냐하면 주방의 생명은 청결이다. 기본을 가르치는 것이다. 그리고 점차 단계별로 주방 일을 가르친다. 투자도 마찬가지다. 처음부터 바로 경매 투자를 해서 큰 수익을 내고 빨리 부자가 되고 싶지만 일에는 순서가 있는 법이다.

일단 부동산이란 학문도 원래 뿌리는 경제 · 경영 파트에 속한다. 경제의 흐름을 배워야 하는 것이다. 그중에서 금리, 물가, 환율 등은 경제 변수의 대표적인 것이기 때문에 제대로 이해하고 있어야 한다. 그래야 앞으로 시장 방향이 어떻게 흘러갈지 예측하고 시장 변화로 인한 손실을 줄이며 투자 관련된 중요한 의사결정을 하는 데 큰 도움을 받을 수 있다.

부동산 경기에 영향을 미치는 3요소

지금부터 그 3가지 요소를 하나씩 살펴보자.

첫째, 금리는 주식, 부동산, 채권 등에 투자할 때 반드시 알아야 할 가장 중요한 경제 변수이다. 금리만 정확히 이해해도 대부분의 시장 방향을 예측할 수 있다. 금리는 쉽게 말해서 이자를 의미한다. 우리가 은행에 예금하면 받는 이자, 주택을 구입하면서 받은 담보 대출의 이자, 기업이 자금을 조달하기 위해 은행에서 빌리는 사업 자금의 이자, 채권을 구입하여 받게 되는 이자 등을 금리라고 이해하면 된다. 그렇다면 왜 금리를 알아야만 할까?

일차적으로 금리는 앞에서 언급한 물가와 밀접한 관계가 있다. 즉, 물가의 변화에 금리가 직접적인 영향을 미친다는 뜻이다. 또한 주식, 펀드, 부동산, 채권 등의 수익도 금리의 영향을 받는다. 흔히 금리와 주가는 반대로 움직인다고 말하는데, 그 이유는 무엇일까? 기업은 자기 자본만으로 경영하지 않는다. 투자 자금의 상당 부분을 은행에서 대출받아 조달하는데 이 과정에서 금리의 영향을 받는다. 금리가 낮아지면 이자 부담이 적어지고 그러면 기업은 대출을 더 많이 받아서 설비 투자를 늘리고 제품도 더 많이 생산한다. 결국 많은 매출을 올리게 되고 기업 이익이 늘어나 자연스럽게 주가가 오르는 것이다.

이렇게 기업의 수익이 늘면 직원들에게 급여를 올려주거나 상여금을 주어 가계 소득이 늘어난다. 소득이 늘면 사람들은 소비를 늘리거나 주식, 부동산 등 실물에 많이 투자하게 된다. 물건은 한정되어 있는데 시장의 자금은 풍부해지니 물가는 오르는 것이다. 이렇게 물가가 오르면 정부에 대한 여론은 악화될 소지가 커진다. 따라서 정부에서는 시중의 자금을 거둬들여 물가를 낮추기 위해 금리를 인상하게 되는데, 이를 바로 '금리를 통한 통화 정책'이라고 부른다.

가령 예를 들어 현재 2%인 금리를 7%까지 올린다고 가정하자. 사람들은 불확실한 부동산 투자를 하기보다는 확정된 이자 수입을 얻는 은행에 더 많은 돈을 맡기게 될 것이다. 이렇게 맡긴 자금을 결국 한국은행이 거두어들이는 것이다. 반대로 경기가 좋지 않을 때를 가정해보면 정부는 시중에 자금을 풀어 소비를 진작시키고 경기를 활성화시키기 위해서 금리를 낮추게 된다. 그러면 기업은 대출 이자 부담이 줄어들면서 투자를 확대하고, 개인은 대출 등을 활용해서 주식이나 부동산 등에 투자하게 된다. 이에 따라 물가는 오르고 다시 금리를 올리는 과정이 반복되는 것이다. 따라서 금리가 내리면 주가와 부동산 가격이 오르게 된다. 반대로 시장이 과열되어 자산 가치가 오르면 정부에서 금리 인상과 대출 규제 등으로 강약을 조절하게 된다는 것을 예측할 수 있다.

둘째, 물가는 물건이나 재화의 가치를 뜻하는 것으로 흔히 말하는 '장바구니 물가'를 생각하면 이해하기 쉽다. 이는 우리에게 익숙한 생활 관련 물가이기 때문이다. 당장 10만 원을 들고 대형 마트나 시장에 가보자. 한 바구니 가득 물건을 살 수 있을까? 아마 어려울 것이다. 10년 전의 10만 원은 거의 일주일을 보낼 수 있는 금액이었다. 그러나 요즘은 하루 이틀도 버티기 어려울 만큼 그 가치가 떨어졌다. 이렇게 높아진 물가는 화폐 가치에 직접적인 영향을 미치고, 장기적으로 내 자산을 불리는 데도 커다란 영향을 주게 된다.

물가는 자산의 구매력을 결정하는 중요한 요소이기 때문이다. 매년 5%씩 물가가 오른다면 15년이 지나면 화폐 가치가 절반으로 떨어지게 된다. 쉽게 말해 현재 내가 가진 1,000만 원은 15년이 지나면 돈의 액수는 똑같이 1,000만 원이지만 500만 원 정도의 가치밖에 될 수 없다는 뜻이다. 즉, 현재 3,000만 원의 자동차를 15년 후에는 6,000만 원을 지불해야만 구입할 수 있다는 것이다. 이런 이유로 사람들은 물가 상승률을 웃도는 수준의 이자를 얻어 화폐 가치를 유지하며 자산을 불리기 위해 부동산 투자를 하는 것이다.

이러한 물가와 화폐 가치를 이해하지 못하는 사람은 2%대의 낮은 금리를 줘도 은행만 이용한다. 안정적이고 원금 보장이 된다는 이유로 은행의 예·적금을 고집하는 것이다. 하지만 열심히 일해서 번 돈은 은행에 맡기는 순간부터 그 가치가 떨어진다. 이런 사실을 알게 된다면 원금보장을 고집하는 게 얼마나 어리석은 일인지 금방 알 수 있을 것이다.

마지막으로 환율에 대해 알아보자. 수출 의존도가 높은 우리나라는 환율에 매우 민감한 경제 구조를 가지고 있고 환율 변화에 따라 경제 상황도 크게 달라지게 된다. 환율은 원화에 대한 기축 통화, 특히 달러화에 대한 비율을 뜻하는 것으로 가령 환율이 '1달러 당 1,200원'은 1달러의 물건을 구매하기 위해서 원화 1,200원을 지불해야 한다는 의미이다. IMF 외환위기 당시를 상기해보자. IMF 외환 위기 전에는 '1달러 당 979원'이던 환율이 최고 '1달러 당 1,964원'까지 치솟아 원유 수입 가격이 2배 이상 올랐다. 이런 물가 상승으로 기름 값도 올라 도시의 거리가 한산했던 것을 많은 사람이 기억하고 있을 것이다.

그렇다고 환율이 높다고 무조건 다 나쁜 것만은 아니다. 높은 환율은 수출 기업의 수익 증대에 도움이 된다. IMF 구제금융 당시 개인들은 높아진 물가와 실직 등으로 어려움을 겪었다. 그러나 수출 기업들은 높아진 환율 덕분에 같은 물건을 팔고도 2배의 이익을 얻을 수 있었기 때문에 많은 달러를 조달하여 우리가 IMF 외환 위기를 이겨낼 수 있었던 것이다. 이처럼 개인과 기업은 서로의 입장 차이로 인해 환율에 따른 희비가 엇갈리게 된다. 그러나 투자 시에는 환율 변화를 통해 경기가 어떻게 변할지 어느 정도 예측할 수 있으므로 이를 잘 활용하는 것이 필요하다.

IMF 외환 위기를 겪기 전에는 낮은 환율과 물가로 해외여행이 증가하고 유학을 보내는 가정이 많았지만, 반대로 수출 기업의 실적은 부진했다. 그러나 외환 위기를 겪으면서 해외여행이 줄고 유학 갔던 자녀들이 돌아오는 양상을 보인 반면, 수출 기업의 수익은 증대되었다. '제2의 IMF 외환 위기'라고 불리는 2008년에도 이런 현상이 나타났다. 이런 식으로 환율 변화를 통해 단기적인 경기와 기업 실적에 따른 주식 시장의 변화를 예측해볼 수 있다. 이렇게 금리, 물가, 환율이라는 3가지 경제 변수의 관계를 이해한다면 시장이 변해도 큰 손실을 보지 않고 시장의 방향에 맞춰 잘 대처해갈 수 있을 것이다.

투자 핵심 요약
06 부동산 투자를 하기 전에 먼저 숲을 보고 나무를 보라!

부동산 투자를 하기 전에 경제의 흐름을 알아야 한다. 최소한 금리, 물가, 환율 3가지는 정확히 파악하고 투자 타이밍을 잡아야 한다. 부동산도 경제 상황의 영향을 주고받기 때문이다.

07
지금 당장 할 수 있는 것부터 하면 된다

행복의 반대는 불행이라기보다 '지루함', '권태'이다.
—러셀(영국의 철학자, 사회비평가)

부동산 투자는 책 읽기나 재테크 강의로 가볍게 시작해야 한다

나는 지금 여러 가지 일을 하고 있다. 그중 공인중개사 사무소도 운영하는데, 주로 공인중개사인 아내가 일을 하고 있다. 그리고 부산 동의대학교 부동산대학원과 동 대학 부동산 금융·자산 경영학과 겸임교수로 강의를 하고 있다. 그리고 부산대학교, 부경대학교 평생교육원에서 부동산 재테크 종합과정 책임 교수를 맡고 있다. 그리고 여러 경매학원에서 재테크 강의를 진행하며 기업체 강의를 가끔 나가고 있다.

부동산 경기가 좋을 때는 수강 인원도 교실 전체를 다 채울 정도로 사람이 많다. 그러나 부동산 경기가 안 좋고 부동산 투자 심리가 꺾이면 인원도 다 채우기 힘들다. 부동산 재테크 강의 인원만 봐도 부동산 경기를 예측할 수 있다.

부동산 투자를 처음 시작하는 사람들은 처음에는 가볍게 시작해야 한다. 나는 처음 경매 관련된 책을 읽으면서 부동산 공부를 시작했다. 경매 관련된 책은 이 세상에 너무나 많다. 나는 주로 온라인 서점을 이용했는데 책값 할인도 되고 당시 가장 인기 있거나 판매량이 많은 책을 한눈에 볼 수 있어 선택하는 데도 시행착오를 줄일 수 있었다. 너무 복잡한 책보다는 소액을 투자해서 큰돈을 번 사람들의 경험을 담은 책이 처음 읽기에는 편하고 좋다. 처음부터 너무 어려운 책을 읽으면 지루하고 재미가 없어서 빨리 흥미를 잃게 된다. 보통 책을 보면 맨 뒷장에 그 책과 관련된 비슷한 책들의 소개가 있다. 나는 처음 읽은 책을 시작으로 부동산 관련 책을 여러 권 읽으면서 자신감을 갖게 되었고 '나도 투자를 할 수 있다.'는 용기가 생겼다.

그리고 책을 읽다 보면 궁금한 것이 생기고 누구에게 물어봐야 되겠다는 욕구가 올라온다. 그래서 재테크 강의를 신청해서 듣는 것이다. 오프라인 강의는 강사에게 직접 모르는 것을 물어볼 수도 있다. 또 강의를 같이 듣는 사람끼리 임장도 가게 되면서 인맥이 형성된다. 혼자가 아닌 동료도 생기면서 외롭지 않게 된 것이다. 사실 재테크 강의를 들어서 많은 공부를 하는 것도 중요하지만 사람을 만나면서 정보를 공유하는 과정 속에서 더 많은 것을 배우게 된다.

나는 10여 년 전 경매학원 기초반을 수강하면서 부동산 공부의 첫발을 내딛게 되었다. 그 당시 경매시장은 지금처럼 대중화가 되지 않았기 때문에 기초반 수강 인원도 10명 내외로 소수정예였다. 나는 이 과정을 통해 경매 기초를 배우게 되었다. 경매 투자의 장점은 주변 시세보다 싸게 살 수 있다는 것이다.

내가 경매를 시작할 때에는 보통 80~90% 사이에서 낙찰을 많이 받았다. 한 번 유찰해서 감정가 대비 80%까지 떨어지면 거기서 조금 더 높게 입찰하여 낙찰을 받는 것이다. 그러나 요즘은 상황이 바뀌어 경매가 대중화되어 버렸다. 경매를 하는 사람들이 너무 많아진 것이다. 그래서 아파트의 경우 거의 95% 이상이어야 낙찰되거나 100% 넘게 낙찰받는 사람들도 많다. 그만큼 수익률도 많이 떨어진다. 그러면 차라리 급매를 사는 것이 더 저렴하게 사는 경우도 발생하게 되는 것이다. 그래서 요즘 같은 경매 시장에서는 일반 물건보다는 하자가 있는 특수 물건을 전문적으로 하는 경매 투자자가 많이 생기고 있다.

내가 처음 경매학원에서 만난 동생인 K군은 지금 토지 경매 강사를 하고 있다. 그 친구는 처음부터 아버지의 영향으로 토지 쪽으로 경매 경험을 쌓았다. 그리고 지금은 꽤 많은 토지를 보유하게 되어 젊은 나이에 경제 자유인이 되었다. 서로 바빠서 잘 만나지는 못하지만 가끔 통화를 하면 토지에 관해 모르는 것이 없을 정도로 토지박사다.

부동산 공부는 지금 당장 할 수 있는 것부터 실천하면 된다

부동산 공부는 처음에는 방향을 잡기가 쉽지 않다. 너무 다양한 분야가 있고 공부할 것이 많기 때문이다. 먼저 여러분이 평소 관심을 가진 분야부터 공부를 하면 된다. 그리고 점차 경험을 쌓아가면 적성에 맞는 분야를 찾게 되고 선택과 집중을 하게 되어 있다. 그리고 세월이 흘러 경험이 쌓이면서 투자의 고수가 된다. 여러분은 어릴 때 집안에서 콩나물을 키워본 적이 있을 것이다. 나는 어릴 때 부모님이 집에서 콩나물을 직접 키우셨다. 콩나물은 물만 잘 주어도 금방 자란다. 그런데 물을 주면 콩나물이 물을 흡수하는 것이 아니라 다 빠져나간다. 그래도 콩나물은 잘 자란다.

이렇듯 부동산 공부도 계속 배우고 열심히 하는데도 돌아서면 까먹고 하나도 기억에 남지 않는 것 같다. 그러나 물을 흘려보낸 콩나물이 잘 자라듯이 여러분의 부동산 공부도 조금씩 성장하고 있는 것이다.

그리고 요즘은 각 대학마다 평생교육원이란 교육 제도가 있다. 매년 봄, 가을 학기를 시작으로 여름, 겨울 계절학기까지 다양한 분야의 강좌를 들을 수 있다. 내가 지금 책임 교수로 있는 대학교는 부동산 과정이 5개나 개설이 되어 있다. 15주 과정으로 매주 한 번 강의를 진행하고 있다. 등록금도 학기당 30~40만 원 정도로 저렴하다. 많은 직장인이 일을 마치고 들을 수 있는 저녁 7시부터 10시까지 진행된다. 그리고 과정이 마치면 수료증도 주기 때문에 15주 과정이 끝나면 성취감도 얻을 수 있다.

나는 부동산 공부를 처음 하려는 분들에게 평생교육원 강좌도 추천 드리고 싶다. 왜냐하면 재테크 강의뿐만 아니라 좋은 인맥도 쌓을 수 있기 때문이다. 거기에 수강하시는 분들은 나이와 직업이 다 다르지만 부동산 재테크에 관심이 있어서 온 사람들이기 때문에 정보교류의 장으로 많은 도움을 받을 수 있다.

나는 3년 동안 평생교육원 재테크 과정 강의를 진행하면서 인생이 달라졌다고 하는 사람을 많이 만났다. 그들의 이야기를 들어보면 처음에는 직장 마치고 피곤한 몸을 이끌고 강의를 들었는데, 강의가 부동산 투자를 하는 데 큰 도움이 되었다고 한다.

수강생 중 2년 전 부산대 양산캠퍼스에서 강의를 들었던 신혼부부가 생각이 난다. 결혼 후 아내가 임신을 하고 있었는데 부부가 같이 강좌를 신청했었다. 그들은 조금 있으면 아이도 태어나게 되어서 내 집 마련을 위해 강좌를 수강했다고 했다. 그 당시 전세를 살고 있었는데 생애 최초의 주택을 마련하려는 목표를 갖고 있었다.

　그들을 보고 있으니 나의 신혼 초가 생각이 났다. 나는 결혼 초기 집이 없어서 우리 부모님 집에 같이 살았다. 그때는 어릴 적 나를 키워주신 할머니도 살아 계셨고, 여동생도 결혼을 하지 않은 상황이라 시할머니, 시어머니, 시동생과 같이 살았다. 지금 생각해도 아내에게 너무 미안하다. 물론 1년 정도지만 그때만 생각하면 마음이 아프다. 이런 경험이 있다 보니 신혼부부에 대한 마음이 애틋하다. 그래서 나는 그 신혼부부가 주거지로 원하는 지역에 청약통장으로 신혼부부 특별공급을 신청하여 당첨이 되는 데 도움을 드렸다. 지금은 세월이 흘러 아이도 낳고 입주 시점이 다 되어 새집으로 이사 갈 준비를 하고 있는데 너무 행복해 보인다.

　그리고 내가 부동산 공부를 하면서 많이 도움이 되었던 것 중 하나는 신문이다. 나는 군 제대 후부터 지금까지 해외 생활을 할 때 빼고는 매일 신문을 받아 보고 있다. 그중 지역신문은 반드시 본다. 부동산 공부를 하는 이들은 경제신문은 물론이고 지역신문도 반드시 읽어야 한다. 내가 사는 지역에 언제 어디서 아파트 분양을 하는지를 파악하고 있어야 하고 지역 개발 정보와 소식을 계속 접해야 한다. 지금은 정보가 돈이 되는 시대다. 남들보다 빠른 정보만이 기회를 잡을 수 있다.

부동산 공부는 여러분이 지금 당장 할 수 있는 것부터 실천하면 된다. 문제는 많은 지식이 중요한 것이 아니라 공부를 하면서 '나도 할 수 있다.'라는 용기를 갖는 것이다. 관련 도서를 계속 읽으면서 책 속 저자의 경험을 공유하면 된다. 부동산 투자 강의를 들으면서 내가 어떤 종목에 투자할 것인지를 결정하면 된다. 그리고 매일 신문을 통해 정보를 수집하고 변하는 정부 정책에 귀를 기울여라. 그러면 기회가 찾아온다. 지금도 늦지 않았다. 바로 행동하기를 바란다.

투자 핵심 요약
07 부동산 투자의 첫걸음, 책 읽기부터 하라!

　부동산 투자의 시작은 그와 관련된 책을 읽는 것부터 시작하면 된다. 그리고 관심 분야의 재테크 강의를 들으면 좋다. 여러분이 지금 당장 할 수 있는 것부터 실천하라. 시작이 반이다. 책을 읽기 시작하면 반은 성공한 것이다.

PART 3

부동산 투자하기 전에 꼭 알아야 할 것

01

당신의 부동산 투자가 어려운 이유

경제적으로 똑똑해지면 부자가 될 수 있다.
─『부자 아빠의 투자 가이드』 중에서

부동산 투자가 어려운 이유는 경험이 없기 때문이다

많은 사람들은 부동산 투자가 어렵다고 한다. 사실 나도 부동산 투자가 쉽지 않다고 생각한다. 그런데 여러분이 생각하기에 세상 살아가는 데 쉬운 일이 있는가? 그럼 주식 투자는 쉬운가? 나도 예전에 주식을 해보았지만 부동산 투자보다 주식 투자가 훨씬 어렵다고 생각한다. 나는 지금도 주식 투자를 하는 이들을 보면 대단하다고 생각한다. 주식 투자를 하려면 회사의 미래 전망에 대한 철저한 분석이 필요하다. 또한 회사의 재무제표도 볼 수 있어야 하고 경기 전망과 선행 지수 등의 많은 조사와 분석이 있어야 한다. 그래서 부동산 투자보다 훨씬 힘들고 어려운 투자가 주식 투자인 것 같다.

일단 부동산 투자를 하기 위해서는 부동산에 대한 마인드를 바꿔야 한다. 나는 이것을 '부동산 스타일'이라고 강의 때 말한다. 부동산 투자를 하기 위해서는 스타일을 바꿔야 한다. 그리고 부동산 가격은 가치로 판단해야 된다는 것을 기억해야 한다. 그리고 부동산은 재화이기 때문에 수요와 공급의 영향을 받는다. 그래서 아파트는 입주 물량을 반드시 체크해야 되는 것이다. 그리고 또 하나 '떨어진 곳은 반드시 오른다.'라는 가격 탄력성에 대한 관념을 가지고 있어야 된다. 물론 지역에 따라 빨리 오르고 늦게 오르는 지역별 편차는 발생할 수 있지만 결국은 오른다는 것이다.

내가 부동산 투자로 만난 B군은 나이가 어리다. 이제 30대 초반 정도이니 꽤 빨리 부동산 시장에 뛰어든 것이다. B군은 부동산 투자를 전국적으로 하는데 아파트에만 투자한다. 전국의 아파트 중 매매가 대비 전세가 비율이 높은 지역만 투자한다. 그리고 10년 이내의 새 아파트 중 세대수가 1,000세대 이상 되는 단지만 선택한다. 마지막으로 2년 또는 4년 전세를 맞출 수 있는 물건에 투자한다. 그리고 매도 시점의 주변 입주 물량만 체크하고 매수한다. 입주 물량을 보는 이유는 전세 만기 시 매매를 잘하기 위해서다. 전세 만기 시점에 그 지역에 입주 물량이 많으면 내 집 전세가 안 나가기도 하고 매매도 어렵기 때문이다.

B군은 과거 10년 동안 갭 투자의 방식으로 투자하여 현재는 경제 자유인이 되었다. 너무 일찍 부동산에 눈을 떠서 이제는 좋아하는 공부도 하고 여행도 다니면서 생활하고 있다. B군은 요즘 젊은 사람 같지 않게 여유가 넘친다. 그리고 그 속을 알 수 없을 정도로 능구렁이가 몇 마리 앉아 있는 것 같다. 『삼국지』를 3번 이상 읽은 사람처럼 행동에 빈틈이 없고 치밀하며 실수가 없다. 그래서 아직 미혼이다. 결혼을 하면 후회할 거 같아서 안 하는 것 같다.

항상 남의 떡이 더 커 보이는 법이다. '남들은 직장 다니면서도 잘만 투자도 하고 승진도 하고 잘하는데 나는 왜 이 모양 이 꼴이야.'라고 푸념할 필요가 없다. 여러분은 지금 98도까지 끓고 있는 물이기 때문이다. 이제 앞으로 조금만 노력하면 수증기가 되어서 훨훨 날아갈 수 있다. 단지 2% 부족한 것이다.

꾸준한 노력과 경험만이 투자의 지름길이다

내가 처음 경매 투자를 할 때가 생각난다. 처절하게 종잣돈을 모아 경매에 투자하기로 했다. 지역을 선정하면서 내가 제일 잘 아는 동네만 검색했다. 그리고 입찰을 하면 항상 경매에 떨어졌다. 왜냐하면 내가 잘 아는 동네였기 때문에 입찰할 때 과감하게 적어내지 못한 것이다. 이런 식으로 무려 10번 정도를 떨어지고 나니 용기를 잃었다. 입찰이 있을 때마다 주거래 은행에 가서 최저가 10% 보증금을 수표로 끊어 갔다가 떨어지면 다시 은행에 입금했다. 이런 일이 여러 번 반복되니 은행 직원도 이상한 눈빛으로 나를 쳐다봤다.

나는 속으로 '왜 나는 입찰을 하면 낙찰이 되지 않고 자꾸 떨어질까? 내가 생각한 권리 분석을 보면 낙찰 금액이 현 시세보다 높은데 왜? 낙찰을 받는 사람들은 나보다 높게 적어서 낙찰이 될까? 나중에 과연 수익이 발생할까?'라는 생각을 많이 했다. 시간이 지나서 안 사실이지만 그때 나보다 높게 낙찰받았던 부동산이 전부 상승을 했다. 그들은 현재의 가격이 아닌 미래의 가격인 부동산 가치에 투자를 한 것이었다.

그때부터 나는 입찰하는 지역을 내 동네가 아닌 다른 지역으로 바꾸어서 임장을 다녔다. 그리고 얼마 후 초기 비용이 많이 들지 않은 낙후된 빌라를 처음으로 낙찰받았다. 나도 처음 경매를 시작하고 나서 약 6개월 동안 시행착오의 연속이었다. 누구나 처음은 있다. 여러분만 부동산 투자가 어려운 것은 아니다. 지금 부동산 투자로 부자가 된 많은 사람들도 처음에는 실패하고 시행착오를 겪으면서 성장했다. 처음부터 여러분에게 성공의 열매를 준 것이 아니다.

삶은 잔인한 교사다. 당신에게 먼저 벌을 준 후에 교훈을 준다. 벌을 줄 때 '내가 왜 벌을 받아야 되나? 나는 잘못한 것이 없는데.'라고 비관적인 생각을 해서는 안 된다. 내가 잘못한 부분을 반성하고 다시는 그렇게 안 하면 되는 것이다.

나는 아직까지 첫 경매로 낙찰받은 빌라를 명도하기 위해 그곳에 방문했던 기억을 잊을 수 없다. 나는 처음 경매를 낙찰받기 전에 많은 경매 책을 읽었다. 책 속 저자들의 경험담을 답습해 갔으며 나도 저자처럼만 하면 명도도 자신 있었다. 나는 빌라를 찾아갈 때 아내랑 첫째 딸 윤서와 같이 갔다. 혼자 가는 것보다 가족이랑 같이 가는 게 명도를 해결하는 데 도움이 된다. 일단 경매를 당한 입장에서는 기분이 좋지 않다. 이사 갈 곳이 있는 사람은 그래도 다행이지만 집도 없는 사람인 경우에는 명도가 엄청 힘들어진다.

내가 낙찰을 받고 처음으로 간 집은 대학생을 둔 중년 부부였다. 사모님이 보증을 잘못 서서 집까지 압류가 들어와 경매가 된 경우였다. 문을 열고 집으로 들어가니 집안은 분위기가 너무 좋지 않았다. 서로 눈치만 보는 불편한 상황이었다. 우리는 신혼집으로 사용하기 위해 가진 돈이 없어 경매를 낙찰받았다고 거짓말했다. 그들도 우리의 사정을 이해해주면서 서로의 공감대가 형성되었고 결국 3개월 정도 더 사는 것으로 정리하고 명도를 마무리할 수 있었다. 부동산 경매에서 가장 힘든 점이 명도라고 한다. 인터넷의 발달로 경매 정보가 오픈되면서 누구나 경매 절차를 알고 있다. 그 가운데 명도는 일단 겸손하게 접근해야 한다. 먼저 명도를 당한 사람들의 이야기를 들어주면서 내 것을 얻어야 한다. 나의 요구 사항만 주장하면 안 된다. 먼저 상대방의 이야기를 경청하고 나의 의견을 말해야 된다.

그리고 명도 이행 시 구두상의 약속은 효력이 없기 때문에 서면으로 명도이행합의서를 서로 작성하고 서명까지 받았다. 이런 일련의 명도 과정은 경매 책을 통해 간접적으로 경험했기 때문에 가능했다. 물론 나는 운이 좋았다. 다른 사람들의 명도 과정을 보면 서로 합의가 안 돼서 강제 집행하는 경우도 많다. 강제 집행의 마지막 단계까지 가면 시간도 많이 걸리고 서로 많이 불편해진다. 명도는 합의가 최선의 방법이다.

여러분이 부동산 투자를 하기 전에 꼭 알아야 할 것은 누구나 처음에는 어렵다는 점이다. 처음부터 잘하고 처음부터 쉽게 했던 사람은 단 한 사람도 없다. 여러분이 잘 아는 에디슨, 라이트 형제 등 세계적인 발명가도 계속 실패해도 포기하지 않고 노력해서 성공했다. 당신의 부동산 투자가 어려운 이유는 아직 경험이 없기 때문이다. 아직 부동산의 가치를 판단할 줄 모르기 때문이다. 첫술에 배부를 수는 없다. 그러나 꾸준한 부동산 공부와 투자 경험을 통해 여러분만의 노하우를 쌓다 보면 고수가 될 수 있다.

당신의 부동산 투자가 어려운 이유는 경험이 없기 때문이다. 누구나 처음은 어렵다. 그러나 꾸준한 부동산 공부와 경험을 쌓다 보면 여러분도 어느새 고수가 될 수 있다. 중간에 포기만 하지 않으면 된다.

02

부동산 가격은
왜 상승하고 하락하는 것일까?

생각하는 것은 가장 힘든 일이다.
그렇기 때문에 생각하는 사람들이 그렇게도 적은 것이다.
-헨리 포드(미국의 자동차 왕, 기업인)

부동산 가격은 현재와 미래의 가치가 반영된 결과의 산물이다

나는 재테크 강의를 하면서 '부동산의 가격은 왜 상승하고 하락하는 것인가?'라는 원론적인 질문을 한 번도 받아본 적이 없다. 이런 질문보다는 "앞으로 여기는 어떻게 될까요? 오를까요? 내릴까요?"라는 질문을 많이 받는다. 그러면 이 2개의 질문은 같은 질문일까? 다른 질문 일까? 질문의 방식은 다를 뿐, 같은 질문이다. 그럼 질문을 바꿔서 물어보겠다.

왜 자장면 가격은 계속 오르는 것일까? 왜 돼지국밥 가격은 계속 오르는 것일까? 이 질문에는 쉽게 대답할 수가 있다. 그 이유는 재료값이 상승하고 인건비가 상승하기 때문이다. 2000년 초에는 자장면이 3,000원이였는데 2019년에는 5,000~6,000원이다. 돼지국밥 값도 많이 올랐다. 물가가 많이 올랐기 때문이다.

그럼 부동산도 재화이다. 따라서 부동산 가격도 물가 상승으로 인해 계속 상승하게 된다. 그러나 현실적으로 상승하기도 하고 하락하기도 한다. 도대체 무엇 때문에 이런 일이 벌어지는 것일까? 나는 이런 이유를 재화의 가치에서 찾았다.

자장면과 돼지국밥은 음식이다. 먹어도 되고 안 먹어도 살 수 있다. 그리고 어느 가게를 가더라도 맛의 차이가 거의 없다. 물론 자기 기호에 맞는 맛집도 있고 조금 맛이 없는 집도 있지만 음식은 선택적 재화에 속한다. 그러나 부동산은 교환적 재화에 속한다. 나중에 내 집이 필요한 사람한테 팔 수가 있다. 재산적 가치가 있는 것이다.

예를 들어 '자장면 가치는 얼마입니까?'와 '돼지국밥의 가치는 얼마입니까?'라는 말은 잘 사용하지 않는다. 가격은 과거의 값이고 가치는 현재와 미래의 값을 나타낸다. 그래서 자장면과 돼지국밥은 물가 상승으로 인한 가격을 나타내고 부동산은 현재와 미래의 변하게 될 가치를 동시에 가지고 있기 때문에 가격이 변하는 것이다.

예를 들어 지금은 지하철역이 없는 곳의 부동산에 투자했는데 5년 뒤에 지하철이 들어온다는 발표가 나면 가격이 오르게 된다. 지금은 지하철이 없어 불편하지만 5년 후 지하철이 들어오면 편리하기 때문에 미래의 가치가 현재의 가격에 반영된 결과라 할 수 있다. 과거 세종 신도시가 들어오는 지역이 충청도 연기군에 속한다는 정부 발표가 나자 연기군 땅값이 폭등했다. 반대로 내가 사는 아파트 주변에 화장터가 들어선다고 하면 아파트 가격이 떨어진다. 비선호 시설에 대한 부정적인 전망이 현재의 가격에 반영되는 것이다. 그리고 수요와 공급의 법칙이다. 매년 필요로 하는 아파트는 정해져 있다.

매년 새 아파트가 필요한 이유

매년 새 아파트가 왜 필요할까? 여러 가지 이유가 있다.

첫째, 재개발·재건축으로 인한 가구의 멸실이다. 노후 불량 건축물이 늘어나면 그 지역은 슬럼화된다. 사람이 살지 않는 집이 생겨나고 범죄가 일어날 수 있는 분위기가 형성된다. 불량 청소년들의 아지트가 될 수도 있다. 그래서 각 지자체는 이런 지역을 묶어서 재개발 지역으로 정해 오래된 주택을 허물고 새 아파트를 짓는 것이다. 재건축은 비슷한 이유지만 조합원들의 동의에 의해 결정된다. 재개발은 정부가 주도하는 공적인 사업이고 재건축은 조합원들이 주도하는 사적인 사업인 것이다. 이런 재개발과 재건축으로 인해 멸실된 주택만큼 새 아파트가 필요한 것이다.

둘째, 결혼과 이혼으로 인한 세대의 분리 현상 때문이다. 요즘 결혼한 커플 세 쌍 중 한 쌍이 이혼을 한다. 3분의 1은 이혼하는 것이다. 결혼할 때 부모님으로부터 독립하면서 아파트가 필요해진다. 그리고 이혼을 하면서 세대가 분리된다. 또 다른 아파트가 필요한 것이다. 결혼과 이혼으로 새 아파트가 필요해졌기 때문이다.

나는 부동산 중개업을 하면서 이혼한 집을 거래한 적이 제법 있다. 사실 이혼한 사람들은 마음이 좋지 않지만 공인중개사들은 이혼한 집을 매우 좋아한다. 왜냐하면 주변 시세보다 급매로 나올 확률이 높다. 빨리 매매해서 재산을 나눠야 하기 때문이다.

그리고 집을 팔면 2개의 집을 사줘야 되기 때문에 거래를 2건 할 수도 있다. 한 번에 최대 3건을 거래하기 때문에 어떤 면에서 이혼한 부부는 공인중개사의 최대 VIP 손님이 된다.

셋째, 직장인의 전근과 학생들의 입학 등으로 인한 아파트의 수요가 늘어나기 때문이다. 특히 전국의 대학교 주변 아파트는 신입생들을 위한 수요가 항상 발생하기 때문에 1~2월 가격이 반짝 상승하는 지역도 있다. 대학가 주변에 중개업소가 많은 이유도 항상 새 학기가 되면 집을 구하려는 사람이 많기 때문이다.

이 3가지 이유 등으로 매년 새 아파트가 필요하다. 그런데 만약에 필요한 아파트는 정해져 있는데 공급이 받쳐주지 않으면 어떻게 될까? 그럼 전세 물건도 귀해지고 결국 집값이 오르게 된다. 반대로 공급이 많이 늘어나면 전세 물건도 많아져서 전세 가격이 하락하고 매매 가격도 하락하게 된다.

단순한 이런 원리를 알고 매년 입주하는 아파트의 공급 물량만 확인해도 올해의 집값이 어떻게 변할지를 알 수 있다. 그러나 부동산 가격은 복잡하기 때문에 입주 물량 외에도 다른 여러 가지 요인이 있다. 그래서 100% 일치하지는 않지만 가장 중요한 큰 흐름은 알 수 있기 때문에 투자의 방향성을 찾을 수 있는 것이다.

나는 아파트 투자를 가장 선호한다. 우리나라 주택 중 약 60% 이상의 사람들이 아파트에 거주하고 있다. 아파트의 편리함은 살아본 사람은 누구나 인정을 한다. 주택 살다가 아파트에 이사 갈 수는 있어도 아파트 살다가 주택으로 이사 가는 사람은 거의 없다.

왜냐하면 사람은 편한 생활을 지속하려는 관성의 법칙이 있기 때문이다. 나는 신혼 생활을 부모님 집에서 했다. 그리고 그 후 빌라를 살다가 다음에 오래된 노후 아파트를 수리해서 살았다. 그리고 마지막으로 최근 지은 아파트로 이사해서 계속 살고 있다.

지금은 사실 입주하는 아파트에 살고 싶다. 자꾸 더 좋은 집에 살고 싶어지는 것이다. 그래서 분양권 청약을 하기 위해서 청약통장을 가지고 있는 사람이 그렇게 많은 것이다.

아파트 분양권이 있어야 새 아파트에 입주할 수 있기 때문이다. 새 아파트가 많이 오르고 오래된 아파트가 덜 오르는 이유이기도 하다. 새 아파트에 대한 수요가 훨씬 많기 때문이다.

부동산 가격이 왜 상승하고 하락하는지는 부동산 가격이 가치에 의해 결정되기 때문이다. 일반 재화의 가격이 과거의 확정된 값이라면 부동산은 현재와 미래의 가치가 반영된 가격이기 때문이다. 현재와 미래의 가치를 높게 판단하면 부동산 가격이 상승한다. 반대로 현재와 미래의 가치를 낮게 판단하면 부동산 가격이 하락한다.

그리고 부동산은 재화의 특성상 수요와 공급으로 가격이 결정되기 때문에 아파트 공급 물량이 가격에 영향을 미치게 된다. 또한 부동산 투자 심리가 살아나거나 줄어들면 부동산 가격이 달라지고 정부 정책 방향도 부동산 가격에 영향을 미친다. 이렇듯 부동산 가격은 여러 가지의 요소의 영향을 받는 종합예술과학의 분야이다.

매년 새 아파트가 필요한 것은 멸실 주택, 세대 분리, 전근과 입학 등의 이유 때문이다. 그래서 아파트 수급 상황에 따라 부동산 가격이 달라진다. 또한 부동산 가격은 현재와 미래의 가치가 반영된 결과의 산물이다. 미래의 가치가 높아지면 상승하고 미래의 가치가 낮아지면 하락한다.

03

부동산 오르내림, 3가지만 체크하면 보인다

정직은 최선의 방책이다.
−세르반테스(스페인의 소설가, 『돈키호테』의 저자)

부자는 가난한 사람을 연구하지만 가난한 사람은 부자를 연구하지 않는다

세상에 부동산이 올랐으면 하는 사람이 많을까? 내렸으면 하는 사람이 많을까? 내 생각은 지금 현재는 거의 반반이라고 생각한다. 집이 있는 사람은 올랐으면 좋겠다고 생각한다. 집이 없는 사람은 부동산 가격이 떨어졌으면 좋겠다고 생각한다. 나는 재산세를 내고 있는 사람이 우리나라에서 50% 정도 된다고 생각한다. 그런데 집값 이야기만 나오면 흥분하는 쪽은 집이 없는 무주택자다. 왜냐하면 집이 있는 사람은 집값이 떨어지면 주변 시세가 다 떨어지니 손해를 보는 것이 없다. 반대로 집값이 올라가면 표정이 바뀌지는 않지만 속으로는 웃고 있다.

집값이 폭등이라도 하면 집이 없는 무주택자들은 허탈감에 정부정책에 반기를 들고 자기 목소리를 높인다. 현대 경제학의 아버지라 부르는 아담 스미스는 이런 말을 했다. "한 사람의 부자가 나오기 위해서는 500명의 가난뱅이가 있어야 한다." 그러면 우리나라 인구가 약 5,000만 명이니까 500으로 나누면 우리나라의 진정한 부자는 약 10만 명인 것으로 추산할 수 있다.

부자는 가난한 사람을 연구하지만 가난한 사람은 부자들을 연구하지 않는다. 부자는 가난한 사람들을 늘 연구한다. 왜냐하면 가난한 사람들이 있어야 내가 존재하기 때문이다. 이는 유대인 전문가 테시마 유로가 『가난해도 부자의 줄에 서라』라는 책에서 유대인들이 부자가 된 비결 중 하나로 꼽은 것이다.

그는 책에서 이렇게 말했다. "부자는 가난한 사람들을 전제로 한다. 이 세상 모든 사람이 부자라면 부자의 의미는 지금과 다를 것이다. 부자는 소수이기 때문에 부자다. 그래서 부자는 가난한 사람들을 연구한다. 가난한 사람들이 가난할 수밖에 없는 이유를 알면 더 이상 가난해질 수 없다. 가난해지지 않는 방향의 반대편이 바로 부자로 가는 길이기 때문이다"

또한 부자는 다수의 가난한 사람으로부터 부를 축적하는 사람이다. 여기서 말하는 가난한 사람들이란 실제 가난한 사람일 수도 있고 고객일 수도 있다. 그 고객 중에는 부자들도 있을 수 있다. 기업보다 구매자들이 가난하다. 부자가 되기 위해 가난한 사람들을 연구해야 하는 이유가 바로 여기에 있다.

아파트의 오르내림을 파악하는 요소

그럼 부동산이 오르고 내리는 것은 어떻게 알 수 있을까? 다음 3가지만 체크하면 보인다.

첫째, 매매가 대비 전세가율을 보면 알 수 있다. 전세가는 현재의 사용가치를 나타낸다. 임차인이 2년 동안 거주하는 대가로 지불하는 금액이다. 그래서 전세가가 올라가는 것은 그 지역의 거주하는 대가가 올라간다는 것이다. 그러면 전세가가 매매가를 치고 올린다. 전세 물량이 부족한 경우 매매 가격을 상승시킨다. 왜냐하면 전세가가 올라가면 갭 투자를 하려는 투자자들이 몰려오게 되고 그러면서 매매 가격이 상승되는 것이다.

반대로 전세 가격이 떨어지면 사용가치가 떨어지기 때문에 부동산 가격이 떨어지게 된다. 일시적으로 입주 물량이 증가하는 신도시인 경우는 예외가 있지만 대부분의 부동산은 가격이 떨어진다.

매매가 대비 전세가율에 영향을 미치는 요소에는 첫 번째, 아파트 경과년수가 오래되지 않는 아파트가 전세가율이 높다. 사람들은 새 아파트를 선호하기 때문이다. 두 번째는 세대수가 작은 아파트가 전세가율이 높다. 이것은 세대수가 너무 많으면 물량이 많기 때문에 전세가가 덜 오르는 것 같다. 마지막으로 전용면적이 작은 소형 아파트의 전세가 비율이 높다. 이는 작은 평수의 수요층이 큰 평수보다는 많기 때문이다.

둘째, 입주 물량을 보면 알 수 있다. 아파트의 공급 기준은 분양 물량이 아니라 입주 물량을 체크하는 것이 중요하다. 분양 물량은 아무리 많아도 실제 거주할 수 있는 집이 아니기 때문에 집값에 영향을 미치지 않는다. 그러나 입주 물량은 실제 거주하는 집이 되기 때문에 공급 물량에 속하게 된다. 아무리 몸이 좋고 건강한 사람도 매 앞에는 장사 없다. 부동산도 마찬가지다. 공급 물량 앞에서 장사 없는 것이다. 부동산의 희소성이 부동산 가격을 끌어올리지만 초과 물량이면 부동산 가격이 하락하게 되는 것이다. 아파트의 공사 기간은 정해져 있다. 보통 일반 아파트의 경우 2년에서 3년 정도 걸린다. 주상복합 아파트의 경우는 4년 정도 소요된다. 아파트는 대부분 입주 시기가 정해져 있다.

셋째, 정부의 부동산 정책을 보면 알 수 있다. 박근혜 정부에서는 빚을 내어서도 집을 사라고 했다. 부동산에 매겼던 규제 정책 대부분을 폐지했다. 그리고 금리도 사상 최저인 저금리를 유지했다. 정부가 앞장서서 집을 사라고 했다. 정부가 집을 사라고 하면 집을 사면 된다. 의심할 필요가 없다. 그런데 대부분의 사람은 정부의 의도가 따로 있을 거라고 쉽게 결정하지 못한다. 우리나라 정부도 믿지 못하면서 한국에 살 필요가 있을까?

문재인 정부가 들어 와서는 부동산 규제 정책을 펼치고 있다. 집은 거주의 공간이지 투자의 대상이 아니라고 한다. 그럴 때는 조용하게 부동산의 동향을 주시하면 된다. 구체적인 정책 결과가 나오기까지 조금만 참고 지켜보면 부동산의 흐름을 알 수 있다.

부동산 투자 격언에는 '영원한 정권이 없고 영원한 정책도 없다.'라는 말이 있다. 지금 우리나라의 대통령제는 5년 단임제를 시행하고 있다. 아무리 대통령이 정치를 잘해서 지지율이 높다고 해도 5년 이상 할 수가 없다. 미국처럼 4년 중임제를 채택하지 않고 있다. 5년 동안 몇 번의 정책이 바뀔 수 있다. 결국 대부분의 정권은 집권 초기에는 서민들을 의식한 부동산 규제 정책을 펴지만 정권 말기가 다가오면 다음 정권을 잡기 위해 경기를 부양시킬 수밖에 없다. 결국 부동산 규제를 풀어 활성화시키는 것이다. 돈이 도는 가장 쉬운 방법으로 부동산만큼 효과가 빨리 발생하는 것도 없다.

그럼 아파트 투자를 하려면 매매가 대비 전세가율과 입주 물량을 파악해야 한다. 초보자들에게 이것을 조사하라고 하면 상당히 힘들어한다. 나도 처음에는 무엇을 어떻게 조사해야 할지 몰랐기 때문이다. 일단 매매가 대비 전세가율은 네이버 부동산 현재의 매물을 통해 파악하면 된다. 요즘 네이버 부동산은 개업 공인중개사가 가장 선호하는 부동산 사이트이기 때문에 시세가 정확하다. 또한 '조인스랜드 부동산' 사이트를 통해서도 전국의 매매가 대비 전세가 비율이 높은 아파트의 정보를 제공받을 수 있다. 저자가 자주 아주 유용하게 사용하는 사이트다. 그리고 마지막으로 부동산 정책에 대한 정보는 각 지역의 지역신문을 봐야 한다. 내가 사는 고장에 지금 무슨 일이 일어나는지를 신문을 통해 접해야 된다. 그리고 각 지역의 부동산 정책 발표도 귀를 기울여야 한다.

앞서 말했지만 부동산 가격은 시간이 지나면 최소 물가 상승률만큼은 오른다. 왜냐하면 아파트 건설 비용이 상승하기 때문이다. 그리고 건설 인부들의 하루 일당도 최저임금 상승으로 매년 증가하고 있다. 아파트를 짓는 데 돈이 많이 들어가면 아파트 분양 가격을 높일 수 밖에 없다. 자연히 높은 가격에 분양하는 아파트는 주변 아파트의 가격을 상승시킬 수가 있다.

아파트의 오르내림은 앞에서 살펴본 매매가 대비 전세가율과 입주 물량, 정부의 부동산 정책을 보면 알 수 있다.

부동산 가격의 오르내림에는 절대적인 이유가 없다. 그러나 힌트는 있다. 주택(아파트 등)의 오르내림은 전세가율, 입주 물량, 정부의 부동산 정책을 보면 알 수 있다. 투자에 성공하고 싶은 사람들은 항상 이 3가지를 염두에 두어야 한다.

04
상가 투자의 핵심은
상권 분석과 유동인구다

가난하게 살다가 가난하게 죽는 것은 비극이다.
하지만 가난하게 살다가 부자로 죽는 것은 미친 짓이다.
-로버트 기요사키(미국의 작가, 경제학자)

상가 투자 시 반드시 체크할 사항 4가지

요즘 부동산 투자 대상을 보면 내가 투자했던 대상과 달리 투자 대상이 다양해진 것을 볼 수 있다. 저금리의 영향으로 수익형 부동산 투자가 많이 늘어났다. 그중에서도 특히 상가 투자를 하는 사람들이 많아졌다.

상가 투자를 하기 전에 반드시 조사해야 하는 것 4가지가 있다.

첫째, 상권 분석이다. 상가 투자는 입지도 중요하지만 상권 분석이 중요하다. 만약 입지는 양호하나 상권이 죽은 상권이면 금방 공실이 발생한다. 상권은 생물이다. 항상 변한다는 것이다. 어제의 호상권이 내일의 죽은 상권이 될 수 있다. 반대로 어제의 죽은 상권이 오늘의 호상권이 될 수 있다. 나는 이렇게 변화된 상권을 수없이 봤다.

나는 1978년생 올해로 42세이다. 20여 년 전 내가 대학생일 때 우리가 제일 가고 싶은 곳은 바로 압구정 로데오 거리였다. 젊음의 거리로 많은 대학생이 자유분방하게 거리를 헤매고 다녔다. 그때 유행한 말 중에 하나가 '야타족'이었다. 멋진 스포츠카를 몰고 압구정 로데오 거리를 다니면서 예쁜 여학생을 태우려고 "야! 타!"라고 외치는 데서 그 말이 나왔다.

그때 나는 '언제 저런 값비싼 스포츠카를 타 볼까?'라는 생각을 하며 젊은 시절을 보냈다. 그만큼 압구정에 있는 로데오거리는 우리나라 최고의 상권이었다. 임대료가 아무리 높아도 서로 들어가려 했고 권리금도 천정부지로 치솟았다. 그만큼 상권이 좋았다. 게다가 압구정 현대아파트 등의 최고 아파트들이 배후 단지로 있어 유동인구도 많은 지역이었다.

그러나 요즘 압구정 로데오거리는 조용하다. 사람도 잘 다니지 않고 스산하기까지 하다. 로데오 거리라는 간판이 없다고 하면 여기가 우리나라 최고의 상권 중에 한 곳인 줄 모를 정도다. 그러면 왜 이렇게 압구정 상권이 변화된 것일까?

입지가 바뀐 것일까? 여러분도 알다시피 입지는 그대로다. 압구정 현대아파트도 그대로 있다. 그럼 무엇이 바뀐 것일까?

바로 상권이 죽은 상권이 되어버렸다. 압구정동 상권 주변에 롯데백화점이 생기면서 유동인구를 흡수해갔다. 그리고 홍대 상권과 가로수길, 경리단길 같은 새로운 경쟁 상권의 등장으로 압구정동 상권이 무너진 것이다. 그러므로 상가 투자를 하기 위해서는 입지뿐만 아니라 상권 변화도 유심히 살펴보아야 한다.

둘째, 유동인구 조사다. 유동인구는 내가 투자할 상가 건물 앞으로 시간당 얼마나 많은 사람이 다니는지를 조사해야 한다. 유동인구는 오전과 오후 다르고 평일과 주말 다르다. 그리고 계절에 따라서도 다르다. 상가 투자는 시간을 두고 오랫동안 조사해야 정확한 조사를 할 수 있다. 요즘 상권정보시스템이라는 상권 분석 사이트가 있는데 이것도 사실 정보의 정확성이 떨어진다. 직접 조사하는 것과는 질적으로 차이가 난다. 그러므로 반드시 직접 현장에서 확인해야 한다.

셋째, 입지조사를 해야 한다. 역세권인지 아닌지, 손님이 가게에 찾아오기가 쉬운지를 확인해야 한다. 손님이 가게까지 오는데 몇 번을 설명하고 마중까지 가야 하는 가게는 입지가 좋다고 할 수 없다. 말하면 한

번에 바로 거기라고 알 수 있는 가게가 입지가 좋은 것이다. 그리고 여름과 겨울의 가게 간판의 가시성이 달라지는 상가는 조심해야 된다. 특히 도로의 가로수가 있는 주변의 상권은 여름이면 가로수의 잎이 무성하여 간판을 덮는 경우가 많다. 그러면 간판을 가리기 때문에 장사하는 데 지장을 받을 수 있다.

넷째, 배후 주거단지를 조사해야 한다. 내가 투자하거나 장사를 하려고 임차하는 상가는 주변에 아파트 단지가 많으면 많을수록 좋다. 입주민들이 가게로 흘러 들어올 확률이 높기 때문이다. 배후 주거단지의 세대수는 유동인구의 증가를 불러일으키기 때문에 좋은 상가가 될 수 있다.

상가 투자의 핵심은 상권 분석과 유동인구다

나는 상가 투자를 많이 한 편은 아니다. 왜냐하면 상가 투자는 어렵기 때문이다. 입지 조사는 분석하고 공부하면 좋고 나쁨을 구별할 수 있다. 그러나 상권은 하늘도 모르고 땅도 모른다. 언제 어떻게 변할 줄 모르기 때문이다. 즉, 다시 말해 상가 투자는 실패할 확률이 높은 것이다. 지금 당장은 성공한 투자로 수익률이 좋지만 갑자기 상권이 변하는 상황을 예측하기는 신의 영역이기 때문이다.

내가 상가 투자를 처음 했던 곳은 경남 김해 외동에 있는 아파트 상가였다. 전용면적이 약 20평 정도 되는 아파트 단지 내 상가였다. 처음에는 주인이 분할해서 2개의 상가로 임대를 놓았다. 그런데 공실로 오랜 기간 비어 있다 보니 주인은 매매 생각도 하고 있었다. 그 당시 내가 김해 쪽에 부동산 투자를 많이 하고 있어서 김해 부동산에 관심이 많았다. 그런데 조사를 하면 할수록 매매에 대한 유익이 더 크게 느껴졌다.

왜냐하면 아파트 상가의 입지가 2년 뒤에는 상가 바로 앞에 김해시외버스터미널 신축과 연계한 신세계백화점과 이마트가 입점하기로 예정되어 있기 때문이었다. 지금은 아파트 입주민을 위한 상가 수요만 있지만 2년 후에는 백화점 입점으로 인한 유동인구가 크게 늘어날 거라 예상했다.

주인과의 몇 번의 만남과 설득으로 아주 저렴한 가격에 상가를 구입할 수 있었다. 매도 후 안 사실이지만 상가 주인은 백화점과 대형마트가 들어오는 것을 잘 모르고 있었다. 상가 주인은 사는 지역이 부산이라서 멀리 떨어진 김해 지역의 개발 계획 등의 정보에 취약할 수밖에 없었다. 그리고 상가 관리를 할 수 있는 여력이 없기 때문에 매매를 서둘렀다.

여러분이 상가 투자를 할 때 다음 사항을 잘 활용하기 바란다. 투자 대상인 상가 건물의 건물주가 현지가 아닌 다른 지역에 거주하고 있으면 주변 상황을 잘 모르기 때문에 매매가 저렴한 금액으로 쉽게 될 수 있다.그리고 상속으로 나온 건물도 상속인의 공통된 목적이 빠른 현금화를 원하기 때문에 좋은 가격에 매매할 수 있다. 이것은 내 경험에 의한 노하우이기 때문에 믿어도 된다.

상가 투자의 핵심은 상권 분석과 유동인구, 입지 조사 및 배후 주거단지의 유무에 있다. 그중에서 가장 핵심은 상권 분석과 유동인구 조사다. 부동산의 가장 중요한 요소는 입지라는 것은 삼척동자도 다 아는 사실이다. 그러나 상가 투자는 입지만 보면 큰 코 다친다. 예전 압구정 로데오 거리의 화려했던 상권을 계속 고집한다면 큰 손해를 볼 수 있다. 경쟁 상권이 앞으로 어떻게 형성될 것인지 주시하면서 부동산 지역 정보에 귀를 기울여야 한다.

그리고 유동인구의 조사다. 사실 이 부분은 상가를 투자하려는 사람과 창업을 하려는 사람들이 직접 전수 조사를 통해 정확한 유동인구를 파악해야 한다. 공인중개사들이 말하는 정보는 정확한 정보가 아닐 수 있다. 상권 정보 시스템의 상권 정보도 너무 믿으면 안 된다. 상가 투자는 밤이든 낮이든, 비가 오나 눈이 오나 계속 둘러보고 유동인구를 조사해야 한다.

유동인구를 조사할 때는 시간당 몇 명이 가게 앞을 지나가는지만 보면 안 된다. 남녀노소 어떤 연령층의 비율이 높은지도 알아야 어떤 업종을 넣을지도 파악할 수 있기 때문이다.

투자 핵심 요약
04 상가 투자는 상권 분석과 유동인구가 답이다

상가 투자 시 반드시 체크 사항 4가지는 상권 분석, 유동인구, 입지, 배후 주거단지이다. 그중 상가 투자의 핵심은 상권 분석과 유동인구 조사다. 상권은 생물이다. 지금 좋다고 미래도 보장하지는 않는다.

05

고수는 저렴할 때 사고,
하수는 비쌀 때 산다

친구는 가장 좋은 약이다.
-미국 캘리포니아 주 정신건강위원회

부동산 시세를 파악하는 방법

쉽게 말하면 모든 물건이 다 그렇지만 싸게 사서 비싸가 팔면 장땡이다. 먼저 싸게 사야 한다. 비싸게 사면 안 된다. 그런데 많은 초보 투자자들은 지금 이 가격이 싼지, 비싼지 잘 모른다는 것이다. 여기서 공부가 필요하다. 적정한 가격이 얼마인지를 알고 사야 된다. 제일 쉬운 방법은 다음 두 가지를 대충 살피면 된다.

첫째, 사려는 부동산과 비슷한 주변 부동산의 시세를 파악해야 된다. 비슷하다고 하는 것은 아파트 이름이 비슷한 것이 아닌 역세권, 브랜드, 세대수, 준공연도가 비슷한 것을 말한다. 예를 들어 매수 하려고 하는 아파트가 지하철 500m 거리의 1,000세대 1군 브랜드, 준공 10년차이면 조건이 비슷한 아파트를 비교해 시세를 파악해야 된다는 말이다. 그러면 대충 가격이 파악이 된다.

둘째, 최근 국토부 실거래가 신고를 살펴보면 된다. 2006년부터 부동산 실거래가를 표기하도록 법이 바뀌면서 아파트의 경우 거의 시세가 정확해졌다. 실거래가 사이트에서 매수하려는 아파트의 같은 평형대를 살펴보면 최근 시세를 파악하는 데 많은 도움이 된다. 여기서 아파트는 개별성이 강하기 때문에 같은 아파트라고 해도 가격이 천차만별일 수도 있다. 그리고 집안의 구조나 인테리어 상태에 따라 시세가 달라지기 때문에 주의해야 된다.

두 가지 방법으로 현재 시세가 적당한 가격인지를 알아보고 매수하면 된다. 그리고 매도 시 비싸게 팔면 된다. 그때 매도 시기를 정해놓고 투자해야 된다. 매도 시점이 2년 후인지 4년 후인지에 따라 매수를 결정하면 된다. 매도 타이밍을 잡는 이유는 매도 때 잘 팔기 위해서이다. 잘 팔아야 수익을 창출할 수 있다.

예를 들어 매도 시점을 전세 2년 후라고 하면 지금부터 2년 뒤의 주변 입주 물량을 반드시 체크해야 된다. 왜냐하면 2년 후 매도 시점 때 이 지역의 아파트 입주 물량이 많이 있으면 여러분이 투자한 아파트는 매매도 어렵고 전세도 잘 안 나갈 수 있기 때문이다. 즉, 좋은 가격에 매도하기 어렵거나 전세 보증금을 돌려주기가 어렵게 된다.

여러분 주변에 부동산 투자를 하시는 분들을 유심히 살펴보면 고수는 저렴할 때 사고 하수는 비쌀 때 산다. 참 쉬워 보이지만 말처럼 쉽지 않다. 저렴할 때라고 하면 부동산 경기가 좋지 않아 부동산 가격이 많이 떨어진 시기를 말한다. 이때는 부동산 거래도 잘되지 않기 때문에 매수자가 우위가 되는 시장이 형성된다. 그럼 고수들은 움직이기 시작한다. 부동산에 가면 극진한 대접을 받게 된다. 그리고 자기가 원하는 부동산을 저렴하게 살 수 있다.

현재 나와 같은 아파트에 사는 H사장이 있다. 그는 슈퍼를 운영하는데 부동산 경기가 바닥일 때 투자를 한다. 부동산 경기가 좋을 때는 슈퍼도 장사가 잘되기 때문에 바빠서 부동산 투자를 할 시간이 없다고 한다. 그러나 부동산 경기가 나빠지면 사회 전반적으로 경기가 나빠지기 때문에 슈퍼도 장사가 안 되는데, 바로 이때가 기회라는 생각으로 예전의 꼭지 가격보다 저렴할 때 사는 것이다.

사실 그렇게 투자하기는 쉽지 않다. 왜냐하면 여러분의 '머리'는 투자 타이밍이라고 생각하는데 '마음'이 움직이지 않기 때문이다. 혹시 더 떨어지지 않을까 걱정하는 마음에 행동으로 옮기지 못하는 것이다. 결국 부동산 공부법과 재테크 노하우는 책을 읽고 강의를 듣고 배울 수 있지만 실천하기 위해 행동하는 '마음'은 경험이 없으면 절대 움직일 수 없다.

부동산 투자에서 머리로 생각하고 마음으로 투자를 실천하는 사람은 고수다

황석님 작가의 『부의 본능』이란 책에는 이런 내용이 있다.

"실전 재테크에서 성공하기 위해서는 지식보다 더 중요한 건 실행능력이다. 많은 사람들이 재테크에서 실패하는 이유는 지식이 부족해서가 아니라 아는 것도 실행에 옮기지 못하기 때문이다. 머리로는 아는데 몸이 따르지 않기 때문이다. 실행은 이성이 아닌 감성과 본능을 따르기 때문에, 재테크를 망치게 하는 것은 머리가 아니라 가슴이다. 재테크 지식은 독서를 통해 어느 정도 해결할 수 있으나 실행 능력은 인간이 가지고 있는 본능, 감정, 인식 체계 결함이라는 장애물을 극복해야 한다. 감정과 본능을 다스리지 못하면 책을 아무리 많이 읽어도 소용이 없다."

대부분의 부동산 투자를 하는 사람은 부동산 가격이 한참 오르고 있는 시점에 산다. 그것도 오르는 시점에 빨리 들어가는 것은 괜찮은 편이나 거의 꼭지가 다 되어서 들어가면 손해를 볼 수도 있다.

왜 사람들은 부동산 가격이 상승하는 장에서 매수를 하는 걸까? 그것은 사회적 분위기가 초조함을 만들고 허탈감을 키우기 때문이다. 누가 아파트 투자해서 1년 만에 1억 원이 올랐다고 하면 초조해진다. 아무 생각 없이 다른 사람들을 따라 하게 되는 것이다.

이것을 '밴드웨건 효과'라고 한다. 미국의 하비 레이번슈타인란 사람이 마차들을 빗대어 말한 것이다. 금광이 있다고 하면 너도나도 마차(Wagon)를 타려고 몰려드는 것처럼, 누군가 주장하거나 선택한 것을 따라 하게 되는 것을 '밴드웨건 효과'라고 한다.

10년 전 우리사회에 펀드 투자 열풍이 분 적이 있었다. 나도 그때 펀드 투자를 한 적이 있다. 특히 중국과 인도를 투자하는 해외주식형 펀드가 수익률이 좋았다. 한참 중국과 인도의 성장세가 무서운 시기였다. 나는 처음에는 펀드 수익률이 좋았다가 일부 회수해서 큰 수익을 남겼지만 욕심을 가지고 계속 가져갔던 것은 마이너스 수익이 났다.

그때 펀드 투자를 해서 큰돈을 번 사람들은 경제를 공부하고 주식을 투자했던 경험이 있는 사람들이었다. 중국과 인도의 경제 성장률이 계속 큰 폭으로 상승하는 시기라서 과감하게 투자했었다. 그러나 세계 경기에

어두운 그림자가 몰려오면서 성장률이 둔화되고 경기 불황을 겪으면서 수익률도 떨어지게 되었다. 투자 격언 중에 '소문에 사서 뉴스에 팔라.'는 유명한 말이 있다. 재테크 공부를 하고 모임을 통해 인맥도 쌓으면서 좋은 정보를 분석해서 조용히 투자해야 한다는 것이다. 그리고 뉴스에 펀드나 주식시장에 아이를 업은 새댁이 보이기 시작하면 매도 타이밍을 잡으라는 말이다. 투자자들은 꼭 새겨들어야 하는 말이다.

고수와 하수는 많이 다를 거라고 생각하지만 종이 한 장의 차이라고 생각한다. 그것은 바로 머리로 생각하고 마음으로 투자를 실천하는 사람은 고수다. 하지만 머리로는 사야 된다고 생각하지만 마음이 감성과 본능을 따르기 때문에 행동으로 옮기지 못하는 사람은 하수다. 그럼 영원히 하수는 고수가 될 수 없을까? 당연히 될 수 있다. 나는 그것을 많은 성공과 실패에서 오는 경험이라고 생각한다. 즉, 학습 효과인 것이다. 내가 해봤거나 경험해서 수익을 내본 사람은 머리로 생각하고 마음으로 투자를 할 수 있다. 여러분은 어느 편에 서겠는가?

실전 재테크에서 성공하기 위해 중요한 것은 지식보다 실행 능력이다. 많은 사람들이 재테크에서 실패하는 이유는 지식이 부족해서가 아니라 아는 것도 실행에 옮기지 못하기 때문이다. 실행에 옮겨야 경험을 쌓을 수 있다.

06

은행은 저축하는 곳이 아니라
대출하는 곳이다

정치를 버려야 정치가 잘되고 도덕을 버려야 도덕이 선다.
-노자(중국의 사상가)

부자는 은행에 대출받으러 간다

지금과 같은 초저금리 시대에 돈을 은행에 보관하는 것은 미친 짓이
다. 차라리 금고에 두는 게 낫다. 한국의 부자들은 어떻게 부(富)를 이루
었으며 어떤 금융기관을 이용하고 있을까? 부자들은 금리에 민감하다.
여러분이 상상을 초월할 정도로 금리에 민감하다. 금리가 0.1%라도 이자
를 더 주는 곳을 선호한다.

왜냐하면 금리가 이자 수익에 막대한 영향을 미치기 때문이다. 내가
지금 넣어둔 이자보다 더 준다는 은행이 있으면 바로 지점장에게 전화를
넣을 것이다. 이번 달부터 금리 조절을 안 해주면 돈을 갈아타겠다고 할
것이다. 부자들은 항상 은행을 떠날 준비를 한다.

그럼 요즘 같은 저금리 시대에 부자들은 어떤 금융기관을 이용할까? 얼마 전까지만 해도 우리나라의 기준금리가 1.25%로 역사상 가장 금리가 낮았다. 지금은 조금 올라 1.75% 정도 된다. 초저금리 시대에 살고 있다. 부자들은 초저금리 시대에는 은행에 목돈을 넣어두지 않는다. 급하게 쓸 돈은 CMA통장이나 MMDA 통장에 넣어둔다. 왜냐하면 금리가 시중 은행보다는 높고 입·출금이 자유롭기 때문이다.

　부자들 중에서 공격적인 투자를 하는 사람도 있다. 그러나 내가 아는 부자들은 일단 안전하면서도 은행 이자보다는 수익이 높은 채권형 펀드에 투자를 한다. 왜냐하면 원금이 보장되기 때문이다. 아니면 금액을 분산하여 사모펀드에 가입하는 이들도 꽤 있다.

　이렇듯 부자들은 엄청 공격적으로 투자할 것 같지만 결국은 잃지 않는 투자를 한다. 그리고 부자들은 주거래 은행이 반드시 한 군데 이상 있다. 월세 통장으로 가입한 곳을 보통 주거래 은행으로 정한다. 그리고 카드 대금이나 아파트 관리비 등의 지출을 이 통장으로 사용하는 것이다.

　그리고 부동산 투자를 하기 위해 주거래 은행에서 대출을 활용한다. 가장 좋은 금리 조건으로 대출을 받는 것이다. 현금이 충분히 있어도 일부러 대출을 활용한 레버리지 투자를 선호한다. 왜냐하면 초저금리 시대

이기 때문이다. 그러나 아직도 부자가 아닌 일반 사람들이 대출을 받기에는 문턱이 높다. 대출 금리도 높게 책정된다.

참 이상한 세상이지 않는가? 돈 많은 부자들이 대출 이자를 더 많이 내어야지, 가난한 사람이 실거주 목적으로 집을 사는데 더 많은 이자를 내는 것이다. 부자들이 백화점에서 더 싸게 사는 이치와 상통한다. 그러고 보면 항상 부자가 싸게 산다. 부동산도 많이 떨어질 때 싸게 사고 비쌀 때 판다. 가난한 사람은 가격이 꼭지일 때 제일 비싸게 산다. 세상은 참 불공평하다.

부자가 되려면 은행을 떠나라

신이 인간에게 부여한 것 중 가장 공평한 것은 시간뿐이다. 더 이상은 없다. 나는 10년 이상 투자를 하면서 은행에 목돈을 맡겨둔 적이 단 한 번도 없다. 왜냐하면 은행은 저축하는 곳이 아니기 때문이다. 그러나 주거래 은행은 '우리은행'이다. 청약통장을 처음 만든 은행이 우리은행이고 집에서 가장 가깝기 때문이다.

나는 우리은행 통장으로 월세 통장도 만들고 체크카드도 있고 신용카드도 있다. 저축과 적금을 제외한 거의 모든 은행 업무를 주거래 은행으로 사용하고 있다. 그래서 나는 우리은행 VIP다. 외국 여행갈 때 가장 좋은 수수료로 달러나 유로 환전을 하고 대출을 받을 때도 다른 사람보다 금리를 낮게 받는다.

　　나는 지금 월 수익의 일정 부분을 저축은행에 적금으로 넣고 있다. 매월 1년 만기 정기적금이다. 기간은 최소한 짧게 잡는다. 너무 길게 잡으면 희망이 약해진다. 의지도 약해진다. 1년 후 또 가입하면 된다. 그리고 주식형 펀드에 일정 금액을 넣어둔다. 시중 은행보다 수익률이 좋기 때문이다. 그러나 주식 투자는 하지 않는다. 잘 모르기 때문이다. 그리고 이길 수 없는 게임이라는 것을 10년 전 투자를 통해 알게 되었다. 주식 투자의 가장 큰 고통은 오전 9시부터 주식장이 끝나는 오후 3시까지 다른 일을 할 수 없다는 것이다. 일은 일대로 손에 잡히지 않는데 수익도 안 났다. 결국 개미가 시장을 이길 수 없다는 것을 돈을 잃고 나서 깨닫게 되었다.

　　10년 전 같이 투자하면서 술 모임을 했던 친구들 중에는 아직도 주식과 비트코인 등의 투자를 하고 있는 친구도 있다. 가끔씩 만나면 주식에 대해 물어보는데 요즘은 모임에 나오지 않는다. 그 친구 소식을 아는 이에게 물어보니 주식으로 돈을 많이 잃어서 어렵게 생활하고 있다는 것이었다. 주식은 한번 시작하면 끊을 수 없다. 왜냐하면 주식을 해서 수익이 나면 더 큰 수익을 위해 더 많은 투자를 하고, 반대로 주식을 해서 돈을 잃으면 본전 생각으로 거기에 더 집중하기 때문이다.

내가 아는 형님 중에 주식 고수가 있다. 그는 예전에 큰 프랜차이즈 업체를 운영하다가 동업하는 사람 때문에 장사를 접었다. 그리고 사업을 정리한 돈으로 주식 투자를 시작했다. 그는 하루에 10만 원에서 20만 원 정도 수익이 나면 그날 주식을 그만한다. 자기만의 철저한 투자 철학으로 주식 투자를 하는 것이다. 어떤 날은 3만 원도 벌고 어떤 날은 50만 원도 버는데 나에게는 절대 주식 투자를 하지 말라고 극도로 말린다. 자기도 어마어마한 큰돈을 잃고 나서 배운 지식이기 때문에 함부로 따라해서는 안 된다는 것이다.

심영철 작가가 쓴 『부자가 되려면 은행을 떠나라』 책을 보면 은행을 떠나 제2금융으로 갈아타라고 강조한다. 아직도 은행에 돈을 맡기고 있는 사람은 세상 물정을 몰라도 한참 모르는 것이다. 이미 은행의 예금 금리는 물가 상승분도 따라잡지 못하는 상태이기 때문에 은행에 돈을 맡기는 것은 오히려 손해를 보는 것이다.

은행이 안전하다거나 대출을 싸게 해준다는 것도 옛말이다. 은행에서 대출을 받는 것은 상상 이상으로 까다롭고 어지간한 담보물 없이 신용만으로 대출받기는 불가능에 가깝다. 상황이 이러한데도 은행에 돈을 맡기고 있다면 재테크를 포기한 것이나 다름없다. 그렇다면 대안은 무엇인가? 치밀한 전략을 가지고 제2금융으로 갈아타는 것이 바로 그 대안이다.

많은 부자들은 은행에 저축하러 가지 않는다. 주거래 은행에 가는 날은 최저금리로 대출을 받으러 가는 것이다. 부자들은 주거래 은행에서 VIP손님이기 때문에 대출받는 장소도 우리와 다르다. 은행은 예금을 맡겨놓은 고객의 돈을 가지고 이 돈을 쓰고 싶은 대출자에게 이자를 더 높게 받고 빌려주는 기관이다. 즉 2% 예금 이자를 주고 4%에 대출 이자를 받아서 2%의 예대마진으로 직원들의 월급도 주고 사무실 임대료도 내는 것이다. 부자가 되기 위해서는 부자의 줄에 서야 한다. 부자는 은행에 저축하러 가지 않는다. 대출하러 가는 것이다.

투자 핵심 요약
06 지금 당장 은행을 떠나라!

저금리 시대에는 은행을 멀리해야 한다. 부자는 은행에 저축하러 가지 않는다. 대출하러 갈 뿐이다. 부자는 은행 금리보다 높은 곳에 안전한 투자를 한다. 지금도 그랬고 앞으로도 그럴 것이다.

07
정부 정책에 맞서지 마라

진솔한 권력의 힘과 강력한 리더십은 타협과 설득에서 나온다.
—비스마르크(독일의 정치가)

시장은 정부의 정책에 순응하면서 빈틈을 노린다

문재인 정부 들어와서 부동산 정책이 10번도 넘게 발표되었다. 부동산 격언에 '정부 정책에 맞서지 마라.'는 말이 있다. 옳은 말이다. 하지만 그 정책이 시장의 흐름에 맞지 않을 경우는 어떻게 될까? 시간 문제이지, 결국은 시장이 정책을 이기게 되어 있다.

지금까지 정부와 시장의 눈치 싸움은 시장이 정부의 정책에 순응하면서 빈틈을 노리는 것이었다. 정부의 정책에 정면대응해서는 성공할 수 없다. 정부가 정책을 발표하면 그 내용에 집중하며 가고자 하는 흐름에 역행하는 것이 아닌 오히려 순응하면서 규제가 느슨한 틈새를 이용하는 것이 현명한 자세라고 생각한다.

이미 부동산 시장은 서울, 수도권 부동산 시장과 그 외의 시장으로 양극화되어 있다. 서울 강남 부동산은 우리나라 부동산 정책 방향과 맞지 않게 흘러 왔다. 마치 정부의 정책을 비웃기라도 하듯 가격이 상승했다. 그러나 부자들은 정부 정책에 순응하면서 눈치를 보는 것이다. 따라서 종합부동산세율을 올린다고 해서 그들은 크게 동요하지 않는다. 오히려 다른 부동산 규제 정책으로 인해 서울 및 수도권 외의 부동산 시장이 왜곡되고 양극화는 더욱 심화될 것이다.

문재인 정부는 사실 양극화의 중심인 강남 부동산을 잡기 위해 정책을 펼쳤다. 그러나 오히려 지방 부동산이 타격을 받으면서 부동산 경기가 급속도로 나빠졌다. 서울 및 수도권 부동산 시장과 지방 부동산 시장은 완전 다르다. 일단 소득 규모와 부동산 가격 자체가 다른 시장이다. 초등학생과 대학생이 달리기 시합을 하는데 같은 선상에서 출발하는 것과 다를 게 없다.

그럴 바에는 차라리 취득세나 양도소득세 등의 거래세를 완화하여 거래를 활성화시키는 것이 시장원리에 맞지 않을까? 집을 사고 싶은 사람은 사고, 팔고 싶은 사람은 자유롭게 팔 수 있도록 하는 것이 자본주의와 민주주의 이념에 부합한다고 생각한다.

다시 말해 부동산 정책은 시장의 흐름에 맡겨놓아야 된다고 생각한다. 정부가 바뀔 때마다 다른 정책을 남발하고 시장 상황을 역행한다면 머지 않아 또 폭등과 폭락을 반복할 것이라고 생각한다. 그리고 서울 및 수도 권과 지방 부동산 시장은 완전 다르기 때문에 맞춤형 정책을 펼쳐야 된 다고 생각한다.

지금 현재 우리나라의 부동산 시장은 거래가 실종되고 집이 팔리지 않 아 이사를 가야 하는 사람들, 전세 보증금을 돌려받아야 되는 전세입자 들의 속이 타고 있다. 서울 및 수도권 사람들은 경제적 여유가 있어 해결 책이 있지만 지방 부동산 시장은 사정이 다르다.

지금 부산 · 경남 등의 부동산은 역전세난과 깡통 전세가 나오는 단지 들이 속출하기 시작했다. 그런 상황이 이어져 분양을 받은 새 아파트 입 주 시기가 되었는데도 이사를 가지 못하는 사태가 일어나고 있다. 왜냐 하면 지금 살고 있는 집이 팔리지 않기 때문이다.

내가 지금 개업 공인중개사를 하고 있는 부산광역시 연제구의 Y 아파 트의 경우도 마찬가지다. 전세금을 돌려받지 못해 다른 곳으로 이사를 가지 못하는 세입자도 있다. 왜냐하면 주변에 입주하고 있는 아파트 단 지도 많아서 매매나 전세가 잘 나가지 않기 때문이다. 그리고 다른 곳에 이사를 가고 싶어도 현재의 집이 팔리지 않아서 이사를 가려는 부동산과 지금 살고 있는 부동산을 둘 다 내놓은 사람도 많다. 둘 중 하나라도 팔리면 가겠다는 것이다. 결국 매매나 전세금을 낮게 해서 팔고 나가는 세대가 증가하고 있다. 아니면 전·월세를 놓고 이사 가는 사람들도 늘어나고 있다.

영원한 정권은 없고 영원한 정책도 없다

부동산 가격은 역사적으로 볼 때 결국 우상향하는 것이 맞지만 투자를 위해서는 정부의 규제 정책이 발표되면 쉬어가면서 정부 동향을 살펴야 한다. 부동산 투자에서 정부의 정책에 맞서지 말고 한 박자나 두 박자 쉬어가는 것이 중요하다는 말이다. 급한 불은 피하고 봐야 한다. 불이 활활 타오르고 있는데 거기에 뛰어드는 것은 무모한 짓이다. 불이 어디로 갈지를 보고 결정해도 늦지 않다.

노무현 대통령 때 처음 생긴 부동산 정책들이 많다. 종합부동산세가 신설되었다. 부동산을 많이 갖고 있는 이들은 재산세와 더불어 종합부동산세까지 보유세를 부담해야 했다. 부동산 시장은 급속도로 나빠졌다. 여기에 양도소득세 중과제도를 만들어 집이 3채 이상인 사람에게는 무조건 양도세 60%를 매겼다. 그리고 집이 2채인 사람은 양도세 50%를 내게 했다. 부동산 투기 수요를 억제하는 정책이었다.

과거 노무현 정부는 '하늘이 두 쪽 나도 강남 집값만은 반드시 잡겠다.' 라는 슬로건으로 강남 부동산을 규제했다. 그 당시의 노무현 대통령의 발언이다.

"2005년 8월 31일 발표된 정부의 정책은 부동산 투기는 이제 끝났다. '부동산 정책은 일부 부동산 투기 세력의 이익이냐, 대다수 국민의 이익이냐'를 놓고 선택하는 전쟁이다. 부동산 투기는 결코 성공하지 못할 것이며 어떤 경우에도 부동산 투기 이익이 발생하지 않도록, 투기하는 사람은 반드시 손해 보게 하겠다."

노무현 정부는 이렇게 부동산 투자자 혹은 투기꾼들과의 전쟁을 선포했다. 그리고 부동산 투기로 얻은 부당이익을 강력한 세제로 걷어 들이겠다고 칼날을 들이댔지만 시간이 지나 결국 피해를 입은 쪽은 서민들이다.

참여정부가 그토록 외치던 균형발전은 온데간데없고 1년 만에 부유층과 서민, 수도권과 지방의 시장 양극화는 더욱 심화되었다.

노무현 정부와 문재인 정부의 부동산 정책은 이상할 정도로 닮아 있다. 지금 부동산 시장은 침체기에 빠져 있고 거래가 실종되어 많이 어려운 시국이다. 이런 시국에는 건설사에서는 아파트 분양 계획을 철회한다. 왜냐하면 분양을 하면 미분양이 속출할 것이기 때문입니다. 그리고 공급 부족 현상이 장기화될수록 머지않아 집값 상승 뉴스가 매스컴을 통해 나올 것이다. 그럼 정부 정책을 믿고 집을 판 사람은 상대적 박탈감에 허탈해하고 위기를 참고 기다린 부자들은 미소를 지을 것이다.

세상에 역사는 반복된다. 부동산 정책도 반복된다. 이것을 아는 사람은 부자밖에 없다. 그래서 부자는 돈을 버는 것이다. 부자는 정부 정책에 맞서는 사람이 아니다. 순응하면서 기회를 보는 사람이다. 한쪽 뺨을 때리면 달려들어 한쪽 뺨을 더 내미는 게 아니라 아프다고 그만 때리라고 말하는 사람이다. 맞으면서 생각한다. '조금만 참자!' 부동산 가격은 정부 정책이 아닌 시장의 논리로 흘러가는 것임을 그들은 누구보다 더 잘 안다.

투자 핵심 요약
07 정부의 정책에 순응하고 맞서지 마라!

부자는 정부 정책에 맞서거나 불만을 표출하는 사람들이 아니다. 순응하면서 빈틈을 노리는 사람이다. 결국 시장이 정책을 이기게 되어 있다. 이것을 잘 아는 사람은 예나 지금이나 부자뿐이다.

08

소액이라도 투자할 곳을 찾아라

떠날 때가 되었으니 이제 각자의 길을 가자.
나는 죽기 위해서, 당신은 살기 위해. 어느 편이 더 좋은지는 오직 신만 알 뿐이다.
-소크라테스(그리스의 철학자)

다세대 주택 투자의 장점

내가 여러 곳에 재테크 강의를 나가보면 이상하게 사람들의 속성이 비슷한 것 같다. 강의를 많이 들으러 다니면서 공부도 열심히 하는데 투자는 하지 않는다. 금요일, 주말 할 것 없이 자기 생활을 포기하면서 그렇게 열심히 듣는데도 행동은 하지 않는 것이다.

나도 처음 부동산 투자를 할 때는 책도 읽고 강의도 들으러 다니면서 공부를 했다. 강의를 듣고 나면 기분이 좋아진다. 왜냐하면 '나도 강사처럼 부자가 될 수 있을 것이다.'라는 용기가 생긴다. 그런데 그 마음이 계속 지속되어서 진짜 부자가 되면 좋은데 인간은 망각의 동물이다. 하루도 못 간다. 금방 잊어버린다. 결국 정답은 실행에 있다. 배운 것을 직접 경험해 봐야 내 것이 된다. 부동산을 내 것으로 만들려면 계약금을 넣고 계약서를 써서 등기부등본에 내 이름을 올려야 한다. 등기부에 내 이름이 올라가야 매매를 해서 손해를 보든 이익이 남든 할 것이다.

나는 처음 부동산 입문 시점 때 주택, 소형 아파트, 빌라 등 초기 비용이 적게 드는 곳을 찾아 투자했다. 투자 전에는 항상 의심했다. '임대가 잘될까? 월세를 받을 수 있는 지역일까? 나중에 매매는 잘될까?' 등의 의문을 가지고 주변 부동산부터 근처 학교가 있는지, 어떤 시설들이 주변에 있는지 이 잡듯이 돌아다녔다. 그래서 충분히 발전 가능성이 보이는, 미래가치가 있는 지역에 투자했다.

내가 투자한 소형 아파트는 시간이 지나자 지하철이 들어 왔으며 백화점과 같은 대형 쇼핑시설이 입점하기도 했다. 그래서 임대가 잘 나갔다. 부동산에서는 제일 먼저 손님에게 우리 집부터 보여줬다. 왜냐하면 나는 아파트를 매입 후 거의 필요한 부분을 수리하기 때문이다. 아파트 연식은 오래되었어도 내가 투자한 집은 깨끗해서 인기가 좋았다. 그래서 임대도 가장 빨리 나가고 2년 후 혹은 4년 후 매매할 때도 인기가 좋아 빨리 매매가 되었다.

박산 저자가 쓴 『소액투자자를 위한 발로 찾는 부동산 투자법』이란 책을 보면 저평가된 소액 부동산은 현장에 숨어 있다고 한다. 이 책은 소액 투자자를 위한 부동산 투자 한 가지에만 집중했다. 그러다 보니 종목은 다세대, 소형 아파트, 소액토지로 한정되어 있다. 지역은 대중교통을 중심으로 서울과 수도권 일부 권역, 제주, 강원에 국한해 살펴보았다. 그리고 투자에 접근하는 효과적인 방법인 소액 부동산 경매와 쌈짓돈 1,000만 원으로 시작하는 실전 투자 전략에 대해서도 다루었다.

저자는 특히 다세대 주택에 대한 투자를 강조했다. 다세대 주택 투자의 장점은 크게 3가지로 볼 수 있다.

첫째, 아파트에 비해 적은 돈으로도 투자가 가능하다. 좋은 투자는 투입 비용이 작은 투자인데, 다세대는 보증금이 많기 때문에 실제 투자가 소액으로도 가능하다.

둘째, 상대적으로 자유로운 리모델링이 가능하다. 다세대는 아파트와 달리 1층이나 지하층의 경우에 개조하여 상가나 음식점, 사무실 등으로 용도 변경하여 사용할 수 있다.

셋째, 재개발에 따른 이익이 크고 재건축이 용이하다는 것이다. 대지권이 큰 집의 경우, 해당 부지에 아파트가 들어서면 그에 준하는 프리미엄이 발생하게 된다. 그래서 투자 금액 대비 수익이 높다.

부동산 틈새시장을 노려라

나는 그리고 부동산 틈새시장을 노려보라고 말하고 싶다. 오래된 빌라 또는 맨션 같은 경우 층수는 5층인데 엘리베이터가 없는 것도 있다. 이때 가장 로얄층은 2층이다. 가장 인기 있는 층이다. 그 다음이 3층, 4층 순으로 올라갈 것 같지만 요즘은 1층이나 필로티 2층이 인기가 많다. 임대도 상대적으로 잘 나간다. 왜 그럴까?

오래된 빌라나 맨션에 사는 사람들은 나이 드신 할머니, 할아버지가 많다. 알다시피 어르신들은 다리가 불편해서 계단을 오르내리기가 불편하다. 그래서 1층을 선호하는 것이다. 그리고 베란다도 있어 쓰기 편하고 매매 금액도 다른 층에 비해 저렴하다. 수리만 잘 하면 새 아파트처럼 쓸 수 있는 것이다.

그리고 1층이나 필로티 2층을 선호하는 젊은 사람들도 있다. 그들은 층간 소음으로 고생을 해본 사람들이다. 층간 소음을 당해본 사람은 그 고통이 얼마나 큰지 잘 안다. 층간소음은 어제 오늘의 문제가 아니다. 사회적 제도를 만들어 해결할 수 있는 방법을 찾고 있지만 쉽지가 않다.

층간 소음의 문제는 지금도 일상에서 많이 일어나고 있다.

중학교 때 친구인 K는 아들과 딸을 둔 가장이다. 그는 19층에 사는데 18층에 70대의 노부부와 50대의 정신지체 아들이 살고 있다. 그런데 거의 매일 시끄럽다고 50대 아들이 올라와서 문을 발로 차고 간다고 한다. 벌써 경찰이 몇 번이나 왔다 갔다고 했다. 그런데 문제는 해결책이 없다. 친구가 밤늦게 퇴근하는 날이면 불안해서 일이 손에 잡히지 않는다. 그래서 CCTV를 현관에 설치하고 그 앞에 누가 오면 핸드폰으로 알려주는 서비스를 받고 있다. 보통 문제가 아니다. 친구는 아이들이 어려서 이사 올 때부터 거실과 방에 매트를 설치했다고 한다. 그렇게 했는데도 층간 소음으로 문제가 되니 허탈하다.

하루는 이런 일도 있었다고 한다. 주말에 외출 중이었는데도 관리실에서 시끄럽다고 연락이 왔다는 것이다. 정말 층간 소음 문제는 심각한 수준이다. 그런데 왜 요즘 들어 층간 소음 문제가 사회적 문제로 대두되는 것일까? 예전 아파트와 맨션은 지금보다 훨씬 층간 두께도 얇고 열악했다. 심지어 위층에서 뭘 하는지 알 정도로 층간 소음이 심했다. 그런데 그때는 지금처럼 사회적 문제가 심각하지 않았다.

도대체 요즘에 무슨 일이 생긴 것일까? 나는 부동산학 박사로서 이 문제를 엄청 많이 연구했고 그 답을 찾아냈다. 그것은 바로 이사할 때 떡을 돌리지 않아 그렇다는 것이다. 맞다. 나는 어릴 때 이사를 가면 항상 부모님과 같이 윗집과 옆집, 혹은 아랫집에 떡을 돌리며 나를 같이 데리고 갔다. 부모님은 떡을 주면서 내가 개구쟁이라서 많이 떠든다고, 혹시 시끄러우면 말씀하시라고 미리 인사를 시키는 것이었다. 그러면 금방 이웃사촌이 되면서 그 집에 누가 몇 명 살고 뭐하는지를 다 알게 되는 것이다.

이런 떡을 돌리는 이사 문화는 이웃사촌이라는 말을 만들어냈고 서로 도와가며 살 수 있는 터전이 되었다. 그러나 지금은 주거 문화가 주택에서 아파트로 빠르게 전환되면서 옆집에 누가 사는지도 모른다. 이것이 바로 이 시대의 자화상이 아닐까 싶다.

소액 투자로 아파트 분양권 투자를 할 때 로얄층을 비싸게 사는 것도 좋지만 1층이나 필로티 2층을 저렴한 분양가에 사는 것도 좋은 방법이다. 요즘 아파트 분양권의 분양 가격은 층마다 각각 차이가 있다. 저층이 저렴하고 높이 올라갈수록 비싸진다. 그리고 계약금 10%만 내면 3~4년 아파트가 완공될 때까지 무이자 상품도 많다. 그리고 입주 때 아이 있는 집에 전세나 월세 임대를 줘도 된다. 그 단지에 1층 분양 물건이 귀하다면 어린이집도 임대로 들어올 수 있다. 1층이라서 무조건 투자를 기피할 필요가 없다.

여러분이 부동산 투자를 시작했으면 종잣돈을 많이 모아야 투자를 할 수 있다고 생각해서는 안 된다. 소액이라도 투자할 곳은 많다. 단, 소액 투자의 핵심은 발품이다. 저평가된 소액 부동산은 현장에 숨어 있기 때문이다. 그리고 부동산 재테크 강의만 열심히 듣고 투자를 하지 않으면, 강의를 들을 때마다 기분이 좋을 수는 있어도 부자가 될 수는 없다. 자! 이번 주말부터 발품을 팔고 돌아다니자! 좋은 물건은 여러분 가까이에 있을 수 있다.

부동산 투자로 돈을 벌기 위해서는 등기부등본에 내 이름이 올라가야 된다. 돈이 많아야 투자를 할 수 있는 것이 아니다. 소액이라도 투자할 곳은 많다. 여러분이 못 찾았을 뿐이다. 사막이 아름다운 건 어딘가에 샘을 숨기고 있기 때문이다.

PART 4

평생 월급을 가져다주는
부동산 투자 시스템

01

주택은 개발 가능한 지역에 투자하라

변화를 인정하지 않으면 망한다.
−조지 소로스(미국의 금융인, 투자가)

초기 비용이 적게 드는 소액 투자 가능한 곳을 선택하라

누구나 오늘도 경제적 자유를 꿈꾼다. 그것을 성취하려면 여러분은 직장생활에서 나오는 월급이 아닌 평생 월급을 가져다주는 부동산 시스템을 만들어야 한다. 그것은 부동산 투자를 통해 이룰 수 있다. 부동산의 종류는 여러 가지다. 여기서 종목별 투자 방법 및 노하우를 공개하겠다. 먼저 단독주택 투자다.

일반 사람들이 투자하기 좋은 부동산이란 무엇일까? 우선 초기 비용이 적고 소액으로 투자가 가능해야 한다. 토지나 상가 혹은 지분 투자도 소액 투자가 가능하지만 물건을 찾기가 어렵다. 일단은 가장 무난하고 만

만한 것이 단독주택이다. 그러나 무작정 초기 비용이 적다고 매매를 해서는 안 된다. 내가 살 집이니 시세보다 저렴하다고 매매해서도 안 된다.

그럼 어떤 주택을 사야 되며 주택 매수 시 주의해야 할 점은 무엇일까?

먼저 내 경험부터 말해보겠다. 우리 아버지는 내가 초등학교 다닐 때 신축 주택을 사서 이사했다. 새로 지은 주택이라서 깨끗하고 좋았다. 무엇보다 내가 다닐 초등학교와 중학교가 바로 코앞이라서 더 좋았다. 그때 내 기억에 30평대 2층 단독 주택을 6,000만 원에 전세 2,000만 원을 끼고 구입하셨다. 2층은 전세입자가 들어와 살고 있었고 우리는 1층으로 이사했다. 그런데 20년 후에 1억 500만 원에 매매를 하게 될 거라고 상상도 하지 못했다. 왜냐하면 그때 다른 아파트들은 2~3배씩 올랐기 때문이다. 왜 우리 집 가격은 오르지 않았을까? 궁금했다. 결론은, 깨끗하고 비싸지 않더라도 주택은 무조건 사면 안 되는 것이다.

일단 아버지가 처음에 샀던 주택은 도로를 물지 않았다. 최소 6m 소방도로를 물어야 차가 지나갈 수 있다. 우리가 주택을 볼 때 소방도로라고 하는 것은 불이 났을 때 소방차가 들어올 수 있는 도로를 말한다. 그리고 주택 재개발이나 재건축 지역으로 지정될 수 있는 지역도 아니었다. 역세권도 아니고 그렇다고 바로 앞에 버스정류장이 있는 것도 아니었다.

시간이 지나도 큰 변화가 있을 입지도 아니었다. 아버지는 실거주 목적만 챙기고 결국 투자를 잘못하신 셈이었다.

그럼 어떤 단독주택을 사야 투자를 잘하는 것일까? 먼저 누군가 그 단독주택을 허물고 빌라를 지을 수 있는 곳인지를 살펴보아야 한다. 단독주택 투자 시 가장 좋은 시나리오는 재개발·재건축이 진행되는 것이다. 또는 빌라 용도로 사용하면서 매매가 되는 형태이다. 그것을 위해서는 입지가 좋아야 한다. 도로를 물고 있어야 빌라를 지을 수 있다. 즉 개발계획이 가능한 단독주택으로 사야 되는 것이다. 남향집은 살기에 좋고 도로를 물은 북향집은 개발하기에 좋다. 주택이 싸다고 무조건 사면 팔때 힘들고 또 싸게 팔아야 된다. 명심하라. 싼 게 비지떡이다.

주택 투자를 할 때 주의 사항

그리고 주택에 투자할 때 주의할 사항이 있다.

첫째, 누수가 되는 곳이 없는지 꼼꼼히 확인한다. 우리가 보통 주택을 구입할 때 신축을 사지 않는다. 왜냐하면 비싸게 분양하기 때문이다. 그래서 보통 주택은 20년 이상 된 주택이 대부분이다. 오래 되었기 때문에 특히 누수 부분을 정확하게 살펴봐야 한다. 누수는 사실 주택의 경우 정말 잡기 힘들다. 외벽에서 새는 건지 계단 틈새에서 새는 건지 방수 전문

가도 어렵기는 마찬가지다. 집을 살펴볼 때 바닥을 보면 하수고 천장을
보면 고수다.

둘째, 향후 개발 가능성이 있는 물건인지 분석한다. 앞에서 아버지가
구입하신 단독주택은 사면 안 되는 것이었다. 싸다고 좋은 것이 아니다.
남향이거나 도로를 물은 주택이거나 개발을 진행할 수 있는 물건이어야
한다. 아니면 앞으로 지역 개발이 이루어지면서 상권이 형성된다면 1층
주택 부분을 상가로 전환하여 사용하면 된다. 주로 재개발 인근 지역의
주택 물건이 상가로 전환된 사례가 많다. 그럼 단독주택에서 상가주택으
로 신분 상승을 하면서 매매 가격이 크게 상승한다.

셋째, 주차 시설 파악 및 초등학교와의 거리를 체크한다. 요즘 자동차
가 없는 사람들은 거의 없다. 주택의 가장 불편한 점 중 하나가 주차 시
설이다. 주택에 주차 시설이 있으면 좋지만 없는 곳이 대부분이다. 그러
면 주택가 주변에 주차를 할 수 있는 곳이 있으면 임대나 매매할 때 유리
하다. 그리고 초등학교 근처에 주택이 있으면 아이들 학교에 보내기 쉽
다. 초등학교 근처의 주택은 임대도 잘 나간다. 초 · 중 · 고 중에서 초등
학교가 가장 중요하다.

넷째, 지하철역과 버스정류장과의 거리와 가까워야 된다. 지하철 역세

권이면 좋지만 그러면 주택가격이 비싸진다. 지하철이 없으면 버스 정류장이라도 가까우면 된다. 그러면 교통 여건이 좋으니 임대도 잘 나간다. 주택 가격이 저렴한 것을 찾는다고 지대가 너무 높은 산동네 것을 사면 임대가 안 되어서 고생을 할 수 있다. 산동네는 집을 보러가는 손님도 힘들지만 공인중개사들도 꺼리는 동네다.

다섯째, 매수하려는 주택이 다가구 주택일 경우 매도 시 현 임대차 계약서를 반드시 체크해야 한다. 임차인이 여러 명 있을 경우 간과하는 것 중 하나가 현재 살고 있는 임차인에게 보증금을 돌려주는 것이다. 임차인 계약 만기 시 부모님이나 지인이라며 남은 보증금을 달라고 하는 사람이 있다. '뭐 어때? 괜찮겠지' 하고 보증금을 주면 꼭 몇 달 뒤에 계약서상의 임차인이 나타나 보증금을 요구한다. 무조건 보증금 반환은 계약서상의 임차인에게 지급해야 된다.

불과 최근까지 주택은 연령이 높은 층이 선호하고, 아파트는 젊은 세대가 좋아하는 것으로 인식되었다. 그러나 요즘 연령별 주거 형태가 조금 바뀌는 것 같다. 젊은 친구들이 단독주택을 사서 수리하여 1층은 장사하고 2층에 거주하는 형태의 주거 문화를 만들어간다.

내가 몇 달 전 중개한 2층 단독주택은 도로를 낀 4차선 일반 도로였는데 아주 오래되어서 가격이 급매 수준이었다. 주택 내부가 사람이 살기에는 어렵기 때문에 올 수리를 해야 되는 물건이었는데 젊은 부부가 집을 매수했다. 알고 보니 그들은 뼈대만 남기고 올 수리를 해서 지금은 동네에서 제일 멋진 집으로 각광을 받고 있다.

앞의 오래된 단독주택처럼 주택에 디자인을 접목한 개념주택들이 속속 등장하고 있다. 개념주택으로 변신하는 것은 대부분 입지가 좋은 주택이다. 여러분이 주택을 매수한다면 반드시 기억해야 된다. 주택은 개발 가능성이 있는 주택을 사라!

투자 핵심 요약
01 주택은 향후 개발 가능한 곳을 사라!

주택은 토지와 건물을 사는 것이다. 따라서 토지와 건물의 미래 가치가 큰 것을 사야 된다. 먼저 향후 개발 가능한 지역인지 파악해야 한다. 그리고 건물의 용도 변화를 통해 발전 가능한 물건인지 파악해야 한다.

주택 매수 시 주의사항

1. 누수가 된 부분이 없는지 꼼꼼히 확인한다.

2. 향후 개발 가능한 물건인지 분석한다.

3. 주차 시설을 파악하고 초등학교와의 거리를 확인한다.

4. 지하철역과 버스정류장 거리를 확인한다.

5. 임대차 관계를 정확히 파악한다.

02

빌라는 대단지 새 아파트 주변에 투자하라

책 없는 방은 영혼 없는 육체와도 같다.
－키케로(로마의 정치가, 학자)

빌라는 입지가 중요하다

빌라는 부동산 투자를 처음 시작하는 분들에게 추천하는 투자 물건이다. 상가, 땅, 입주권 등의 투자는 초기 비용이 최소 1억 원 이상이 있어야 가능할지 모른다. 그러나 빌라는 1,000만 원만 있어도 투자가 가능하다. 상대적으로 매매가 대비 전세가 비율이 높은 물건이다. 그래서 갭 투자가 가능하다. 그리고 빌라는 베란다와 주차장을 가지고 있어 주택보다 편리한 이점이 있다. 요즘 신혼부부들은 주로 빌라 전세에서 신혼을 시작한다. 아파트보다 전세가가 낮고 관리비가 작아서 종잣돈을 모으는 데 안성맞춤이다.

나는 결혼 후 둘째 윤아가 태어날 때 약 1년 동안 빌라에 살았다. 그때까지 주택에 살다가 빌라에 이사를 가니 일단 겨울에 따뜻해서 너무 좋았다. 내가 처음 빌라를 샀을 때는 도시가스가 연결되지 않아서 LPG가스를 사용했다. 그래서 다른 빌라보다 저렴하게 매수했다. 그리고 빌라 입주민 반상회 때 도시가스를 연결하자고 내가 강력하게 주장했다. 초기 비용은 조금 들지만 생활하기 편하고 나중에 매매할 때 높은 가격에 매매를 할 수 있다고 설득해서 같이 도시가스를 설치할 수 있었다.

그리고 빌라는 입지가 중요하다. 빌라의 시세는 아파트 실거래가처럼 단지별로 정확하게 나오지 않기 때문에 입지가 가격을 결정한다. 왜냐하면 빌라 매매 가격에 대한 비교 사례가 적기 때문이다. 내 경험으로는 새 아파트 대단지 주변에 있는 빌라를 사면 손해를 보지 않는다. 왜냐하면 대단지 아파트 주변은 생활 여건이 우수하고 상권도 발달이 되어 있으며 초·중·고등학교도 근처에 있다. 즉 빌라 사는 사람이 이런 좋은 환경을 그대로 흡수할 수 있는 것이다.

그리고 아파트 수요층과 빌라 수요층은 다르다. 수요층이 같이 겹쳐서 경쟁하는 구도가 아니라 사는 수요층이 다른 것이다. 대단지 새 아파트는 아파트 매매 가격이 높아서 아무도 살 수가 없다. 소위 중산층 이상의 세대가 사는 주거 형태이다. 빌라는 그보다 조금 돈이 없는 사람들이 산다. 특히 돈이 부족한 신혼부부나 나이가 지긋한 노부부가 빌라를 선호한다. 내가 빌라를 대단지 새 아파트 근처에 사라는 이유는 아파트 주변의 좋은 생활환경을 공유할 수 있기 때문이다. 그리고 새 아파트는 결혼한 자녀들 부부가 살고 빌라는 부모님이 살면서 손주를 키워주는 일이 꽤 있다. 그런 부모님은 아파트 근처에 살기를 원하고 베란다 있는 빌라를 선호한다.

나는 1,600세대 대단지 아파트 바로 앞에서 개업 공인중개사를 하고 있다. 그런데 아파트 주변 빌라를 찾는 분들의 수요가 많았다. 그리고 아파트 가격이 올라갈수록 빌라 가격도 상승했다. 마치 악어와 악어새처럼 대단지 새 아파트 때문에 빌라가 먹고사는 것 같다.

빌라 투자의 황제라고 부르는 채익종 씨는 『빌라투자로 100억 부자 된 청소부』라는 책에서 이런 이야기를 했다. 저자는 중구청 청소원으로 일하면서 700원짜리 간장 밥만 먹으며 3,000만 원 종잣돈을 마련한 뒤 그 중 1,000만 원을 재개발을 앞둔 땅 지분에 투자하여 부동산 투자에 눈을 떴다. 자신이 서민이었기에 누구보다 서민이 투자할 부동산 상품을 잘 안다. 그것이 바로 '빌라'라고 강조한다. 실제로 1,000만 원으로 빌라 투자를 할 수는 없지만 저자는 친구들과 '공동구매'로 시작할 것을 권한다. 이 책은 서민 출신 빌라 왕 채익종 씨가 서민을 위해 쓴 부동산 재테크 책이다. 세상에는 빌라 투자로 성공한 사람들이 너무나 많다.

빌라 투자할 때 주의사항

빌라를 투자해서 성공하기 위해서는 매수 시 다음 사항을 주의해야 한다.

첫째, 빌라 옥상에 올라가서 방수 상태를 반드시 확인해야 한다. 빌라는 아파트처럼 장기 수선 충당금을 매달 납부하지 않는다. 그래서 누수 등의 하자 발생 시 목돈이 들어간다. 보통 10년 이상 된 빌라는 누수의 위험이 있다. 그러나 빌라 투자 시 집안에 누수만 없으면 된다고 생각한다. 하지만 누수의 대부분은 창문 새시를 통해 발생하거나 옥상에서 시작한다. 빌라 옥상에 방수가 오래되었거나 방수를 하지 않았으면 시간문제일 뿐, 언젠가는 누수의 위험이 있다. 그러므로 빌라 투자 시 빌라 옥상에 올라가서 반드시 방수 상태를 확인해야 한다.

둘째, 1가구 1주차 확인과 완전 주차 가능 여부를 확인해야 한다. 빌라는 건축법상 1가구 1주차가 법으로 정해져 있다. 그러나 빌라를 짓는 과정에서 토지가 부족하면 주차장을 겹쳐서 공사를 진행할 수 있다. 그런 빌라는 1가구 1주차는 가능하지만 완전 주차가 가능하지 못하다. 그래서 항상 누가 연락이 올 줄 모르는 상태에서 생활해야 된다. 여간 불편한 게 아니다. 빌라 투자를 할 때 100% 완전 주차 가능 여부도 꼭 확인하기 바란다. 100% 완전 주차장은 내가 차를 대고 다시 올 때까지 전화가 오지 않는 주차장을 말한다.

셋째, 빌라는 엘리베이터 있는 것과 없는 것으로 나눌 수 있다. 엘리베이터 있는 것은 요즘 새 빌라인 경우가 많다. 요즘에는 엘리베이터 없는 빌라를 찾아볼 수 없다. 엘리베이터 있는 빌라는 맨 꼭대기 층이 가장 로열층이다. 일조량, 조망, 층간 소음이 없는 장점 때문에 빌라 분양을 하면 제일 먼저 팔린다. 왜냐하면 일조량과 조망이 가장 우수하고 옥상을 쓸 수 있는 장점이 있기 때문이다. 그런데 건설사에서 가장 인기 있는 맨 꼭대기 층을 오피스텔로 용도 지정을 할 수 있다. 왜냐하면 오피스텔은 취·등록세가 주택보다 높기 때문에 분양이 어려우니 가장 로열층에 배정하는 것이다. 그러므로 잘 확인하고 투자해야 한다. 요즘은 추가하는 세금만큼 할인을 하는 곳도 있지만 나중에 팔 때 오피스텔은 잘 안 나갈 수 있으니 조심해야 된다.

그리고 엘리베이터가 없는 빌라는 2층이 가장 로열층이다. 예전에 지어진 빌라는 대부분 엘리베이터 없는 게 많았다. 그런데 장점도 있다. 관리비는 아주 작게 나온다. 요즘 빌라는 어르신들이 좋아한다. 그렇다 보니 예전에는 인기 없었던 1층의 인기가 높아졌다. 그리고 아무리 뛰어다녀도 층간 소음이 없기 때문에 아이가 있는 가정도 1층을 찾게 된다.

넷째, 우리나라 사람들은 남향을 선호한다. 왜냐하면 여름에 시원하고 겨울에 따뜻하기 때문이다. 여름에는 해가 높게 떠서 남향 거실 쪽으로 해가 들어오지 않는다. 겨울에는 해가 낮게 떠서 거실 안까지 깊숙하게 들어와서 따뜻하다. 그래서 냉 · 난방비가 적게 든다. 그리고 우리나라 기후는 여름에는 남동풍이 불고 겨울에는 북서풍이 불기 때문에 여름이 시원하고 겨울에는 춥다. 이런 남향 선호는 서울 수도권보다 지방 쪽이 특히 더 심하다. 남향이 아니면 집을 아예 보지 않는 사람들도 많다. 그러나 북한산이 보이는 북향과 한강이 보이는 북향처럼 서울 사람들은 일조량만큼 조망을 더 선호한다. 실제 프리미엄도 차이가 난다. 그리고 젊은 세대는 직장 다니느라 낮에는 집에 없기 때문에 남향에 대한 애착이 덜한 것으로 조사되었다.

다섯째, 빌라든 아파트든 주택은 오래된 것보다 새것을 좋아한다. 점점 사회가 편리한 것을 추구하는 사회로 바뀌면서 빌라도 예전과 다르게 많이 발전했다. 엘리베이터와 주차장은 물론 주차인식시스템과 음식물 쓰레기 및 재활용 쓰레기장이 있는 빌라도 등장했다. 심지어 택배 보관함도 있어서 물건을 받기도 쉬워졌다. 전부 예전에는 빌라에 없던 시설이었는데 요즘은 다 있다. 오래된 빌라보다 신축 빌라를 선호하는 것은 당연한 것이다.

여섯째, 빌라가 아파트보다 편리한 것 중 하나가 베란다가 있는 것이다. 요즘 분양하는 아파트는 대부분 발코니 확장으로 집안에서 편하게 사용할 수 있는 베란다가 없다. 그래서 여간 불편한 게 아니다. 빨래를 많이 하는 날이면 방이나 거실에서 빨래를 말려야 한다. 그러나 빌라는 베란다가 있어서 사용하기 편하다. 그리고 전용면적이 넓어 보이는 빌라가 인기가 있다. 평수는 20평대지만 유난히 설계를 잘해서 넓게 빠진 빌라는 인기가 좋다. 따라서 빌라를 투자할 때 전용면적과 베란다는 꼭 확인하고 투자해야 한다.

투자 핵심 요약
02 빌라는 대단지 새 아파트 근처 물건에 투자하라!

빌라는 입지가 생명이다. 빌라와 아파트의 수요층은 다르기 때문에 대단지 새 아파트의 좋은 생활 환경을 누릴 수 있는 지역에 투자해야 한다. 그러면 아파트 값이 오르면서 빌라 가격도 상승하게 된다.

빌라 매수 시 주의사항

1. 빌라 옥상에 올라가서 방수 상태를 반드시 확인하라.

2. 1가구 1주차와 완전 주차 가능 여부를 확인하라.

3. 엘리베이터 있으면 꼭대기 층 선호, 엘리베이터 없으면

   2층 또는 1층을 선호한다는 것을 기억하라.

4. 남향인지 동향인지 일조량을 확인하라.

5. 오래된 빌라보다 신축 빌라에 투자하라.

6. 전용면적이 넓은 것, 베란다 유무 등을 확인하라.

03

아파트는
역세권, 브랜드, 세대수를 분석하라

부자가 될 사람은 세상이 원하는 기준에 자기를 맞춘다.
−세이노(필명, 칼럼니스트)

내가 좋아하는 아파트가 아닌 남이 좋아하는 아파트를 사라

누구나 내 집 마련을 위해 아파트를 선호한다. 우리나라만큼 아파트를 좋아하는 국민도 없다. 왜 이렇게 우리는 아파트에 목숨을 거는 걸까? 현재 우리나라 사람 10명 중 6명은 아파트에 산다. 점점 아파트에 사는 비율이 증가하고 있다. 왜냐하면 편하기 때문이다. 주차도 편하고 음식물 쓰레기와 재활용품을 버리는 것도 주택에 비해 훨씬 편하다. 그리고 아파트 관리소에 연락만 하면 다 고쳐준다. 무엇보다 안전하다. 경비실에서 우리를 지켜준다. 내가 살고 있는 아파트는 갑자기 급한 일이 있을 때 비상벨을 누르면 경비원이 집으로 긴급 출동을 한다. 너무나 편리하다. 그래서 아파트에 사는 비율은 계속 증가하고 있다.

그럼 어떤 아파트를 사는 게 좋을까? 우선 내가 좋아하는 아파트를 사는 게 아니라 남이 좋아할 아파트를 사라고 말하고 싶다. 내가 개업 공인 중개사로 아파트 거래를 해보면 매수인의 경우 너무 자기중심적으로 아파트를 사려고 한다.

예를 들어 자기는 저층을 좋아한다고 5~10층 정도를 사야 된다고 한다. 아파트 30층 중 5~10층은 애매한 층수다. 로얄층이 20~30층 정도인 걸 보면 저층은 인기가 없는 층수일 수 있다. 그런데 5~10층의 높이에서 조망이 너무 예쁘면 인기가 있는 층수가 된다. 그러나 단지 자기가 5와 7 숫자를 좋아한다고 해서 그런 층수의 아파트를 사면 나중에 팔 때 고생할 수 있다. 차라리 저층을 선호하면 1층이나 필로티 2층을 사야 한다. 1층과 필로티 2층은 나중에 전세나 매매가 잘될 수 있다. 왜냐하면 층간 소음 문제로 고생을 한 사람이 무조건 1층 또는 필로티 2층을 선호하기 때문이다. 그래야 층간 소음에서 벗어날 수 있는 것이다.

내가 지금 살고 있는 아파트는 필로티 2층이다. 왜냐하면 나는 아이가 3명인데 초등학교 2명, 이제 5세인 막내가 있기 때문이다. 여기에 이사 오기 전에 8층에 살았는데 층간 소음 문제 때문에 이곳으로 이사를 왔다. 예전 아파트 7층에는 어르신 노부부가 살고 있었는데 할아버지가 평소에는 점잖으시다가 약주만 한 잔 드시면 관리실에 전화를 했다. 나는 미안

한 마음에 명절에도 인사를 드리고 양해를 구했는데 할아버지의 약주 사랑으로 더는 살지 못하고 이곳으로 이사를 온 것이다.

이렇듯 층간 소음으로 스트레스를 호소하는 이들은 아파트 선택 기준이 무조건 1층 또는 필로티 2층을 선택하게 되어 있다. 아파트는 내가 살고 싶은 곳을 선택하는 것이 아닌 남이 살고 싶은 아파트를 선택해야 된다. 그래야 나중에 내가 팔고 싶을 때 잘 팔 수 있다. 그리고 인테리어도 주의해서 해야 한다. 많은 사람들이 착각하는 문제 중 하나가 아파트 매매 후 입주하기 전에 인테리어를 많이 한다. 그러나 이때 색깔을 너무 화려하거나 과한 색깔로 하면 매도할 때 집이 안 팔릴 수도 있다. 왜냐하면 집을 사야 하는 매수인은 추가 비용이 들기 때문이다. 특히 많은 사람들이 인테리어를 할 때 마치 자신이 여기서 평생 살 것처럼 인테리어를 과하게 하는데 절대 조심해야 한다. 아파트는 계속 나오고 살다 보면 이사를 가야 하는 일이 반드시 생기기 때문이다. 이것이 집을 팔 때 잘 팔리는, 남이 좋아할 아파트를 사야 되는 이유이다.

그리고 아파트 투자 초보자는 주목하길 바란다. 요즘 재테크 책이 너무나 많이 출간되고 거기 나오는 아파트 투자 요령도 다양하다. 그래서 '도대체 어떤 아파트를 사야 되는지 모르겠다.'라고 하는 이들이 있어 아파트 사는 요령을 가르쳐주고자 한다.

아파트 투자의 요령

아파트는 역세권, 브랜드, 세대수 순으로 가치를 판단해서 사면 된다. 물론 아파트 값이 오르는 이유는 수십 가지가 있다. 학군, 공공기간, 백화점, 공원, 바다, 강 등의 외부 환경 요인도 크게 작용한다. 그러나 외부 환경 요인이 없는 아파트도 꽤 많다. 여기서는 3가지를 압축해서 이야기하겠다.

첫째, 아파트는 입지가 중요하다. 지하철 역세권이어야 한다. 왜냐하면 지하철로 가는 거리가 짧아야 편리하기 때문이다. 특히 서울은 지하철이 그물망처럼 연결되어 역세권이 아닌 곳이 없을 정도로 교통이 편리하다. 그러나 지방은 아직도 지하철역이 없는 곳이 너무 많다. 그런데 초보자들은 역세권의 개념을 잘 이해를 못 한다. 많은 전문가의 설명이 다르기 때문이다. 어떤 전문가는 집에서 지하철역까지의 거리가 500m 안에 들어와야 역세권이라고 한다. 다른 전문가는 집에서 지하철역까지의 도보 시간이 10분 안이어야 역세권이라고 한다. 둘 다 틀린 말은 아니다. 그러나 500m와 10분은 애매할 수 있다. 먼저 500m는 작은 골목으로 갔을 때 500m지만 큰 도로를 지나가면 1km 거리가 될 수도 있다. 그리고 도보시간 10분도 젊은 사람이 걷는 시간과 나이 드신 분들이 걷는 시간은 다르다. 그래서 내가 고민해 보니 물리적인 방법이 아닌 심리적 방법으로 해결하면 된다. 예를 들어보겠다.

지금 추운 겨울이라고 가정해보자. 여러분이 퇴근해서 집에 가려는데 한 손에는 짐이 있고 마침 겨울비가 내린다. 집에 다와갈 때쯤 마음속으로 '지하철역에 내려서 택시를 탈까, 말까' 고민하는 사람은 집이 역세권이 아니라고 생각하면 된다. 추운 겨울에 비까지 오고 손에 짐도 있으면 너무나 불편하다. 그리고 우산을 쓰고 추운 비바람을 맞으며 가야 하는데, 집이 가까우면 당연히 '빨리 걸어가야지'라고 생각할 것이고 그런 사람은 역세권에 살고 있다고 보면 된다. 10년 전만 해도 역세권의 개념이 집에서 지하철역까지 1km 정도로 봤다. 그러나 점점 줄어들고 있다. 이제는 300m는 되어야 역세권이라고 할 수 있다고 주장하는 전문가도 있다. 앞으로는 아파트와 지하철이 연결되는 곳이 진짜 역세권이라고 주장할 날도 얼마 남지 않았다.

둘째, 요즘은 아파트도 브랜드 시대다. 1군 브랜드 아파트를 사야 된다. 우리가 들으면 바로 알 수 있는 건설사 아파트가 좋다. 삼성 래미안, 자이, 현대 힐스테이트, 현대 아이파크, 포스코 더샵, 대림 이편한세상, 롯데 캐슬, 한화 꿈에 그린 등의 아파트다. 내가 경험한 바로는 브랜드 아파트의 가격이 다른 아파트에 비해 높다. 그리고 상승장에서는 가격이 많이 오르고 하락장에서는 적게 떨어진다. 그리고 브랜드 아파트에 사는 사람들은 왠지 모르게 당당하다. 누가 어디 사는지 물어보면 당당하게 "래미안 살아.", "자이 살아."라고 반드시 브랜드를 말한다. 그들의 목소리에 힘이 느껴진다. 그러나 2군이나 3군 아파트에 사는 사람은 아파트 이름을 말하지 않는다. 그리고 내가 경험한 바로는 아파트 입주 후 5년간의 하자 보수 기간에 AS나 아파트 보수 시 브랜드 아파트의 서비스가 훨씬 좋다.

셋째, 아파트 세대수는 최소 1,000세대 이상이면 좋다. 세대수가 많으면 좋은 점이 많다. 일단 아파트 관리비가 적게 나온다. 그리고 아파트 단지 내 생활 편의 시설인 헬스장, 골프 연습장, 독서실, 놀이터, 노인정, 택배 보관함 등이 있어 편리하다. 그리고 규모가 1,000세대 이상이면 단지 내 규모가 크기 때문에 아파트 내 공원과 주변 인프라 시설 등의 입점도 가능하다.

투자 핵심 요약
03 아파트 아무것이나 사지 마라!

아파트는 항상 나중에 팔 때를 생각해야 한다. 내가 좋아하는 아파트가 아닌 남이 좋아할 아파트를 사야 한다. 그리고 3가지만 기억하자! 아파트 투자는 역세권, 브랜드, 세대수 순으로 가치를 판단하라!

재테크 첫걸음 아파트에 투자하는 이유

1. 환금성이 매우 좋다.

2. 리스크가 적다.

3. 초기 자본이 적게 든다(갭 투자).

4. 진입 장벽이 낮다.

5. 세금이 적다.

6. 임대료와 시세 차익의 두 마리 토끼를 잡을 수 있다.

아파트 매수 시 주의사항

1. 주변 아파트 시세를 파악한다.

2. 1가구당 주차 대수를 파악한다.

3. 리모델링 후에 입주하거나 임대한다.

4. 지하철역과 버스정류장의 거리를 확인한다.

5. 동네 슈퍼의 아이스크림 값을 파악한다(젊은 층 비율).

6. 아파트 주변에 부동산이 몇 군데 있는지 파악한다.

아파트 여기에 투자하라

1. 인기 주거지역(조정대상지역, 투기지역, 투기과열지구)

2. 지하철 역세권(도심입지)

3. 초등학교 가까운 곳(학군)

4. 친환경 아파트(공원, 바다, 산 등)

5. 브랜드 · 신규 · 대단지 아파트

임차인에게 월세 잘 받는 방법

1. 계약할 때 절대 웃지 마라, 깐깐하게 보여라.

2. 임차인 입주 시 작은 선물을 해라.

3. 특약사항에 2기 월세 미납 시 자동 계약해지 사항 기입

   한다.

4. 월세 미납 시 임차인에게 명확히 통보한다.

주택(집) 잘 파는 방법 베스트 7

1. 리모델링 잘된 집이 잘 팔린다.

2. 밝은 집이 잘 팔린다(전구 교체, 커튼 열기 등).

3. 방향제를 뿌려라(환기시키기).

4. 집을 넓게 보이게 하라(짐 없애기).

5. 급하다고 말하지 마라(급매 아님).

6. 이 집 사고 잘되었다고 말하라(재수 좋은 집).

7. 공실보다 사람이 사는 집이 잘 팔린다.

04

재개발 · 재건축 인근 지역의
저평가된 것을 사라

부당하게 잊히는 책은 있어도 과분하게 기억되는 책은 없다.
-W. H. 오든(미국의 시인)

재개발 · 재건축 투자 시 주의사항(1.조합원 자격 2.투자 타이밍 3.임장)

오랫동안 부동산 투자를 하면서 큰돈을 번 성공한 부자들을 만나보면 재개발 · 재건축 투자를 하는 이들이 꽤 많다. 수익률이 상당히 높은 투자 종목이 재개발 · 재건축 투자이기 때문이다. 반면 단점은 초기 비용이 많이 들어가고 수익을 내기까지 시간이 많이 걸린다. 예전에는 재개발이 된다는 소문이 나면 '묻지 마 투자'로 그냥 투자하는 사람들도 많았다. 지금이 재개발 어느 단계인지도 모른 채 그냥 사는 것이다. 운이 좋은 사람은 재개발 진행이 순조롭게 끝나서 빨리 돈을 버는 사람도 있다. 그러나 운이 없는 사람은 재개발 진행이 어려워지면서 투자한 돈을 오랫동안 묵히게 된다.

재개발 · 재건축 투자 시 몇 가지 조심해야 할 사항이 있다.

첫째, 재개발 · 재건축 투자를 할 때는 조합원 자격이 있는 물건인지 확인 후에 매입해야 한다. 간혹 경매로 진행되는 물건 중에 조합원 자격을 갖추지 않아 현금청산 대상인 물건이 있는데 조심해서 투자해야 된다. 그리고 소규모 토지나 무허가건물, 도로(60m²이상), 지분투자(60m² 이상)를 통해 소액으로도 투자가 가능하다.

둘째, 재개발 · 재건축 투자 시 투자 타이밍을 잘 잡아야 한다. 예전에는 안전하게 관리처분 인가 후에 무조건 사라고 했다. 그러나 그 과정에서 사면 비싸다. 왜냐하면 리스크가 줄어들기 때문에 가격이 오르게 된다. '그럼 도대체 언제를 투자 타이밍으로 잡아야 하는가?'라는 의문이 남아 있다. 우선 재개발 · 재건축 사업 절차를 알고 있어야 한다. 간단히 설명하면 ①기본계획 수립 ②정비구역 지정 ③추진위원회 구성 ④조합 설립인가 ⑤시공사 선정 ⑥사업시행 인가 ⑦조합원 분양신청 ⑧관리처분인가 ⑨착공 및 분양 ⑩사업완료 ⑪조합해산 순으로 사업이 진행된다. 보통은 지역에 따라 다르지만 ⑥시공사 선정과 ⑦사업시행 인가 사이 조합원 감정평가 후에 투자를 하는 게 가장 현명하다.

셋째, 투자할 재개발 구역을 반드시 가봐야 한다. 재개발 물건은 곧 철

거가 진행되기 때문에 투자할 부동산을 보지 않고 위치도 모른 채 계약하는 투자자가 의외로 많다. 재개발 진행 과정은 변수가 많기 때문에 자신의 투자 부동산의 상태는 정확히 파악해두어야 한다.

현재 회사를 다니고 있는 지인은 주말이나 공휴일 아니면 회사를 마치고 재개발·재건축 구역에 임장을 다닌다. 그리고 시세보다 저렴하게 나온 재개발·재건축 물건이 있으면 바로 투자한다. 그는 임장을 다니기 전에 이미 재개발·재건축 구역의 진행 절차와 감정가 및 프리미엄 가격에 대한 공부를 다 마친 상태였다. 그러니 신속 정확하게 투자를 할 수 있는 것이다. 그리고 이후 1~2년 보유하다가 프리미엄이 많이 오르면 다시 매매를 한다. 이러한 방식으로 1년에 몇 건을 투자하는데 양도소득세를 내고도 자신의 연봉보다 훨씬 많은 돈을 번다.

물론 종잣돈이 넉넉한 사람들은 재개발·재건축 물건에 투자할 수 있다. 그러나 재개발·재건축 투자가 초기 자본이 많이 있어야만 투자를 하는 것은 아니다. 소규모 토지나 무허가건물 또는 도로 등은 소액으로도 투자가 가능하다. 그리고 조합원들은 여러 가지 혜택도 많다. 중도금 대출 무이자, 확장비 무료, 이사비 지원이 된다. 무엇보다 로얄층을 당첨시켜주기 때문에 실거주 목적의 아파트 투자라면 재개발·재건축 구역의 투자도 유망하다.

재개발 · 재건축 투자의 핵심은 재개발 · 재건축 인근 지역의 투자다

재개발 · 재건축 투자가 앞에서 말한 조합원 물건 투자가 전부는 아니다. 수익성이 가장 높은 투자는 재개발 · 재건축 인근 지역의 투자이다. 이것은 재개발 구역으로 지정된 구역안의 조합원 물건 투자가 아닌 그 주변 부동산 투자를 말한다. 재개발 사업이 진행되어 사업이 완료되면 낙후된 노후 불량 건축물들이 있던 자리에 새 아파트 대단지가 들어오게 된다. 그러면 젊은 세대도 들어오고 상권이 좋아지면서 재개발된 지역뿐만 아니라 인근 지역도 혜택을 보게 된다. 주거환경이 좋아지면서 집값이 상승하고 상가건물의 가치도 올라가게 된다. 그리고 빌라업자들이 재개발 인근 지역으로 몰려오면서 주택 가격을 상승시킨다. 그리고 보통 주택 2~3채를 사서 빌라로 탈바꿈시키고 빌라 촌과 원룸 촌을 형성해간다.

재개발 · 재건축 투자의 확장으로 재개발 · 재건축 인근 지역의 투자는 큰 수익을 남기는 투자가 되는 것이다.

부산광역시 연제구 연산동에 보면 연산 자이아파트가 있다. 여기는 2007년도에 매입 재개발이라는 정비사업으로 진행되어 2010년 7월 입주가 시작되었다. 1,600세대나 되는 대단지 브랜드 아파트로 아파트 입주가 시작되고 주변 상권이 발전하면서 인근 지역 부동산 가격이 상승하기 시작했다.

그 당시 부모님의 주택이 인근 지역에 있었다. 부모님은 2005년 당시 43평 2층 주택을 가지고 있었다. 소방도로를 물은 정남향의 2층 주택을 1억 500만 원에 구입했다. 그리고 1층을 2,000만 원을 들여 올 수리해 사용했다. 그런데 2010년에 1억 9,500만 원에 매매를 하고 기장으로 이사를 가셨다. 나는 우리 부모님이 5년 만에 기타 비용을 제외한 6,000만 을 번 이야기를 하려는 것이 아니다.

내가 2015년 6월쯤 연산자이 아파트 앞에 부동산 사무실을 오픈하게 되었다. 연산자이 아파트가 입주한 후부터 인근 지역 주택 가격이 계속 상승하기 시작했다. 주택단지가 빌라 촌으로 바뀌면서 주택 가격이 천정부지로 뛰기 시작했다. 그래서 지금 현재 주택 가격이 도로를 물은 것은 평당 1,000만 원이고 한 블록 들어간 것은 800만 원대를 형성하고 있다. 나는 중개업을 하면서 예전 부모님 집값이 계속 올라가는 것을 목격하고 부모님이 주택 매도 타이밍을 잘못 잡았다고 생각했다.

'내가 재개발 인근 지역의 부동산이 새 아파트가 입주하고 나서 계속 오를 것이다.'라는 정보만 알고 있었다면 절대 주택을 매도하지 않았을 것이다. 그 당시 우리 부모님 집을 매수한 이는 투자자였다. 그는 집값이 최고로 올랐던 2017년 주택을 팔고 다시 이사를 갔다고 한다.

재개발 · 재건축은 오래된 주택을 허물고 새 아파트를 공급하는 공적 또는 사적 사업이다. 쉽게 말해 헌것을 주고 새것을 받는 정비사업의 한 분야이다. 새로운 고층 아파트들이 들어오면서 재개발 · 재건축 지역만 혜택을 보는 것이 아닌 인근 지역으로도 영향을 미치게 되어 있다.

많은 사람들은 목돈을 활용하여 재개발 · 재건축 투자를 조합원 물건에만 투자하려고 한다. 물론 정비사업이 빨리 진행되어 원하는 수익을 내는 사람도 많다. 그러나 더 큰 수익은 재개발 인근 지역의 저평가된 주택을 사는 것임을 잊지 말아야 할 것이다.

투자 핵심 요약
04 재개발 · 재건축 투자는 그 인근 지역에 투자하라!

재개발 · 재건축 투자의 핵심은 타이밍이다. 보통 단지마다 조금 차이는 있지만 조합원 감정평가 후에 투자를 하면 된다. 그리고 재개발 · 재건축 투자의 가장 큰 수익률을 내는 방법은 재개발 · 재건축 인근 지역의 저평가된 물건에 투자하는 것이다.

05

신도시 지역 투자는
첫 분양 물건에 투자하라

네 믿음은 네 생각이 된다. 네 생각은 네 말이 된다. 네 말은 네 행동이 된다.
네 행동은 네 습관이 된다. 네 습관은 네 가치가 된다. 네 가치는 네 운명이 된다.
— 마하트마 간디(인도의 정치인)

역대 신도시 중에 실패한 사례는 없다

역대 정부의 신도시 정책은 서울 또는 수도권에 집중되었다. 서울이나 수도권 주택 가격 안정 수단인 동시에 투자자들의 좋은 투자 대상이기도 했다. 노태우 정부의 1기 신도시(200만 호 건설)와 참여정부의 2기 신도시는 당시 서울 지역의 부동산 가격 상승을 잡기 위해 조성했다. 그 당시 노태우 정부 200만 호 건설로 탄생한 1기 신도시는 일산, 평촌, 산본, 중동, 분당 등 5곳이었다. 그중 분당은 '천당 위에 분당'이라는 말이 나올 정도로 강남과 견줄 만한 지역으로 성장했다.

참여정부 때 건설된 2기 신도시는 광교, 화성, 동탄, 김포 하강, 파주

등이다. 특히 판교는 분양가 상한제 적용을 받아 시세보다 싸게 분양했다. 분당의 절반 수준으로 분양해서 신도시 로또 아파트라는 별명이 붙을 정도였다.

일반적으로 신도시 주택 공급은 공공택지로 진행된다. 그래서 분양가 상한제가 적용되기 때문에 건설사에서 비싸게 분양할 수 없다. 당첨만 되면 로또나 다름없다. 그리고 입지도 강남에 가깝고 우수한 주거환경으로 투자자들의 관심을 많이 받는다.

경남은 창원을 중심으로 장유, 진해 남문, 북면, 현동 등이 새로운 신도시 지역이 되고 있다. 신도시의 중심에는 베드타운이 있다. 그리고 도로망이 그물처럼 많이 지나갈수록 그곳의 성장속도는 매우 빨라진다. 그리고 창원은 조선 산업의 메카로 대기업들이 입주하면서 부동산 가격이 상승했고 대표적인 성공한 신도시가 되었다.

양산 신도시는 부산의 분당으로 불린다. 서울과 분당이 접근성과 부동산 가치면에서 밀접한 관계가 있듯 부산과 양산도 비슷한 형태를 띠고 있다. 부산과의 접근성이 편리하면서 주거환경이 좋은 대규모 주거단지이기 때문이다. 앞으로 도시철도 양산시와 노포동 1호선 연장 계획이 진행 중이어서 더욱더 두 도시의 접근성이 더욱 좋아질 전망이다.

부산은 1996년 부산 지역 최초의 계획도시이자 신도시인 '해운대 신도시'가 조성됐다. 첫 신도시가 성공적으로 조성되자 이후 부산에는 화명 신도시, 정관 신도시, 명지 신도시 등의 3곳의 신도시가 추가로 공급되었고 이들 신도시는 지역의 인구 · 사회 · 문화 지형도를 바꿔 놓았다. 이들 신도시의 특징은 도시철도와의 접근성이다. 신도시가 조성되고 처음에는 고전을 면치 못하다가 도시철도가 들어오고 나서 빠르게 성장했다.

부산 최초의 해운대 신도시가 처음에 만들어진다고 했을 때 부산 사람들은 지형적으로 동쪽 끝에 위치한 신도시에 반신반의했다. 그러나 저렴한 분양가에 신도시의 형태가 만들어지면서 주택난에 힘들어하는 부산 시민들은 신도시로 이동하기 시작했다. 그 후 신도시의 편리함을 느낀 사람들은 '이제는 신도시 아니면 불편해서 못 살겠다.'라는 말까지 나올 정도로 그것을 선호한다. 해운대 신도시의 집값이 폭등한 것은 2002년 지하철 2호선이 개통되면서 접근성이 좋아졌기 때문이다. 부산 전 지역으로 이동이 편리해지면서 다른 지역 사람들도 해운대 신도시로 들어오기 시작했다.

신도시의 장점은 편리함이다. 살기에 너무 편하다는 것이다. 그리고 도로가 계획적으로 만들어져서 이동도 편리하다. 도시철도와 연결되면 접근성이 좋아지고 부동산 가격이 상승한다. 우리나라의 모든 신도시는 지역별 편차는 있을 수 있지만 일련의 진행 과정을 통해 비슷하게 발전되었다.

신도시 지역 투자 시 주의 사항

나는 '신도시 지역 투자는 첫 분양 아파트에 투자하라.'고 감히 말하고 싶다. 이유는 기회비용에 따른 수익률이 높기 때문이다. 신도시 지역은 정부가 주거 안정을 위해 택지를 공급하여 제공한다. 이때 각 건설사들은 택지를 공급할 때 참여 건설사로 입찰하면서 들어오게 된다. 그리고 첫 분양을 할 때는 가장 저렴한 분양가에 좋은 입지의 건설사가 먼저 분양하게 되어 있다. 왜냐하면 첫 분양 성공이 신도시 전체의 성공의 열쇠가 되기 때문이다. 물론 입지와 부동산 경기 등도 성공의 중요한 요인이지만 처음이 중요한 것이다. 그래서 나는 신도시 지역의 아파트는 첫 분양 아파트에 투자하는 것이 입지도 좋고 분양가도 저렴한 아파트에 투자할 수 있어 좋다고 생각한다.

부산 지역 신도시를 예로 들어보면 정관 신도시의 경우 동일 1차 스위트 아파트가 600만 원대에 분양했으며 정관 신도시 지역에서도 가장 좋은 입지 중에 한 곳이다. 그 다음 분양했던 동일 2차, 3차 아파트보다 입지와 분양가가 좋기 때문이다. 그리고 지금 진행되고 있는 일광 신도시는 제일 먼저 분양했던 단지 중 하나가 일광 자이, 푸르지오와 일광 이

편한세상이었다. 평당 950만 원에 분양했으며 위치도 초·중·고 주변의 입지로 양호하다. 이렇듯 신도시 투자의 핵심은 첫 분양에 올인을 해야 된다. 그러나 조심해야 할 사항도 있다. 부동산 경기가 좋지 않아 첫 분양 물건을 투자해도 그 다음 분양이 미분양이 발생하거나 입주 후에도 미분양이 남으면 투자 실패를 맛보기도 한다.

그래서 신도시 투자를 할 때는 몇 가지 주의 사항이 있다.

첫째, 신도시 입지가 좋아야 한다. 아파트는 누구나 살고 싶어 하는 지역에 사야 한다. 쾌적한 주거환경도 중요하지만 출퇴근이 편하게 지하철 접근성이 좋아야 한다. 그래야 젊은 사람들도 신도시에 흡수할 수 있다.

둘째, 주변 시세를 파악해야 한다. 신도시 분양 가격이 주변 시세보다 비싸면 입주 시점에 어려움을 겪을 수 있다. 입주 때 전세라도 놓으려면 주변 시세보다 저렴해야 들어오려는 사람이 있어서 잔금을 치르는 데 어려움을 겪지 않을 것이다.

셋째, 너무 큰 대형 신도시보다 미니 신도시가 좋다. 대형 신도시의 경우 신도시로서 형태가 갖춰지려면 시간이 많이 필요하다. 그러나 1만 세대 정도의 신도시는 빨리 신도시의 형태가 만들어지고 공급량도 많지 않기 때문에 매매와 전세가가 대체적으로 높게 나타난다.

내가 아는 부동산 큰손 이모님이 있다. 이분은 공기업에서 퇴직 후 아파트 신도시 투자로 돈을 많이 벌었다. 부산에서 이분을 모르는 투자자가 없을 정도로 유명하다. 나는 아파트 모델하우스에서 자주 만나 인사하면서 친해졌다. 이모님은 퇴직 후 퇴직금으로 투자를 하셨다고 한다. 자기가 신도시에 처음 입주해서 아파트 가격이 계속 오르는 것을 보고 그때부터 신도시 투자만 하고 있다. 특히 입지와 환경이 좋은 신도시 내 아파트 중에서도 브랜드 있는 최고 좋은 동·호수에 투자한다. 그래야 떨어질 때 덜 떨어지고 오르면 많이 오른다고 강조하신다.

이모님은 "신도시 투자는 불패 투자다. 신도시는 결국 가격이 오르게 되어 있다."라고 말씀하신다. 단, 신도시 첫 분양 투자 시 혹시 모를 변수를 위해 잔금을 치를 여윳돈을 준비하라고 한다. 그 이유는 정권이 바뀌거나 부동산 정책이 바뀌게 되면 부동산 경기가 변할 수 있다는 것이다. 이렇듯 고수들은 항상 앞만 보는 게 아닌 뒤도 돌아본다. 부동산 고수인데는 다 이유가 있다.

투자 핵심 요약

05 신도시 지역 투자는 첫 분양 물건에 하라!

역대 신도시 중 실패한 사례는 없다. 신도시 투자는 불패 투자다. 단지 투자 타이밍이 중요하다. 신도시 지역의 첫 분양 아파트가 가장 분양가가 저렴하고 입지가 좋다. 기회비용을 활용하여 가장 먼저 선점해야 한다.

06

아파트 분양권 투자는
입주 물량을 파악하라

우리를 조금 크게 만드는 데 걸리는 시간은 단 하루면 충분하다.
－파울 클레(독일의 화가)

아파트 분양권 투자는 조심해서 만져야 할 예쁜 칼이다

부동산 경기가 좋을 때는 아파트 분양권만큼 투자하기 좋은 상품도 없
다. 왜냐하면 분양권 계약을 하고 조금만 가져가면 프리미엄(피)이 오르
기 때문이다. 분양권은 등기된 주택이 아니다. 아직 채권이라고 보면 된
다. 아파트에 입주자로 들어갈 수 있는 권리인 것이다. 그래서 분양권을
아무리 많이 가지고 있어도 재산세를 부과하지 않는다. 주택 수에도 포
함되지 않는다. 전매를 통해 얼마든지 피를 받고 팔 수 있기 때문에 환금
성도 뛰어나다.

분양가 상한제 폐지제도가 2012년에 통과되면서 부동산 경기에 불을

지폈다. 분양가 상한제는 건설사가 분양권 금액을 책정할 때 얼마 이상은 분양하지 말라는 제도다. 예를 들어 서울 모 지역에 아파트를 분양하는데 30평 아파트를 평당 2,000만 원까지라고 분양가 상한제를 적용했다면 6억에 아파트 분양을 해야 한다. 그런데 주변 아파트의 시세는 평당 2,500만 원을 한다고 하면 평당 500만 원 차이가 나서 당첨과 동시에 프리미엄이 1억 5,000만 원이 붙게 된다. 완전 로또 아파트가 되는 것이다. 당연히 건설사에서는 현재 주변 시세인 2,500만 원에 분양을 하고 싶지만 분양가 상한제도가 시행되어서 울며 겨자 먹기로 2,000만 원에 분양을 하는 것이다.

그리고 분양가 상한제 폐지가 결정되면 아파트 분양가가 올라가면서 주변 아파트 시세를 끌어 올리고 부동산 경기를 최고조에 이르게 한다. 그러면 그전에 분양받았던 기존 분양권을 꼭지에서 팔고 나올 수 있는 것이다.

지인 중 가정주부이면서 분양권 투자만 해서 돈을 번 사람이 있다. 항상 아파트 모델하우스에서 만나 이야기하면 분양권이 가장 투자하기 편하다고 한다. 시기만 잘 타면 큰돈도 벌 수 있다고 했다. 그녀는 한번 부동산 붐이 불기 시작하면 당분간 꺼지기 힘들다고 한다. 그리고 주변 시세 파악을 정확하게 해야 돈을 번다고 했다. 분양하는 아파트 분양가와 기존의 비교 대상의 아파트 현 시세를 알고 프리미엄을 정해서 구입하면 거의 수익이 난다고 했다. 그리고 마지막으로 너무 욕심을 부리지 말고 다른 사람도 먹을 것을 남겨두고 팔아야 잘 팔린다고 강조했다.

부산 지역 부동산은 2008년 투기과열지구에서 해제되면서 2009년부터 2017년까지 계속 상승했다. 그동안 투기과열지구로 묶이면서 아파트 공급이 거의 없었다. 왜냐하면 부동산 경기가 너무 안 좋았기 때문에 건설회사에서 부산 지역에 아파트 분양을 하지 않았다. 계속 공급이 없다 보니 부동산 규제가 풀리면서 수급 불균형으로 인해 부동산 가격이 계속 상승했던 것이다. 그러나 분양권 상승 시기에도 꼭 알아두어야 할 것이 있다.

분양권 투자 시 주의사항

분양권 투자 시 주의해야 하는 5가지가 있다.

첫째, 분양하는 아파트 주변의 시세를 정확하게 파악해야 한다. 일단 투자에 성공하기 위해서는 현재의 분양 가격이 저렴한지 비싼지를 파악할 수 있어야 한다. 그것을 위해서는 주변 아파트의 시세를 파악해야 한다. 이때 조심할 것이 있다. 내가 투자하는 아파트와 비슷한 아파트를 검토하여 시세를 파악해야 정확한 분석을 할 수 있다는 것이다.

둘째, 중도금 대출이 가능한지를 파악한다. 요즘 부동산 규제 정책의 하나로 중도금 대출 규제를 시행하고 있는 지역이 많다. 예전에는 분양가의 60%를 중도금 대출을 해주었지만 지금은 집을 소유한 유주택자들에게 까다롭다. 그래서 일단 중도금 대출 가능한 분양권인지 파악을 해야 한다.

셋째, 매도 시기를 정해놓고 투자한다. 분양권 투자도 매도시점을 정확히 언제 할 것인지를 미리 결정하고 분양권 투자를 해야 한다. 보통 투자자들은 일단 프리미엄 가격만 싸면 사고 본다. 그러면 나중에 매도할 때 어려움을 겪을 수도 있다. 내가 분양권 투자 후 1년 뒤에 팔 건지, 아니면 입주까지 가서 팔 건지를 알아야 매도 시점 때의 주변 입주 물량을 파악할 수 있는 것이다.

넷째, 향후 미래 가치가 있는 곳에 투자한다. 아파트 분양을 하면 입주할 때까지 2~4년 정도 공사 기간이 필요하다. 분양할 때는 지하철이 없었는데 분양 후 얼마 지나지 않아 지하철이 개통되면 부동산 가격은 오른다. 마찬가지로 분양할 때는 백화점, 대형마트, 공원이 없었지만 아파트 입주 후에 들어오면 아파트 가격은 불을 보듯 오르게 되어 있다.

다섯째, 아파트 입주 시기에 주변 지역 입주 물량을 파악해야 한다. 분양권을 투자 후 입주 타이밍에 매매나 전세를 할 경우 주변 지역 입주 물량 파악은 매우 중요하다. 왜냐하면 입주 시기에 입주 물량이 주변에 많이 있으면 공급 과잉으로 인한 가격 하락이 불가피하기 때문이다. 과거 분양권 투자 수익률을 보면 입주 후에 전세 2년을 돌리고 매매한 경우 가장 수익률이 좋게 나타났다. 그러기 위해서는 입주 시점에 주변 지역에 입주 아파트가 없어 전세가 잘 나가야 한다.

투자 핵심 요약
06 분양권 투자는 남들 산다고 따라 사면 안 된다

부동산 경기가 좋을 때는 아파트 분양권만큼 재미있는 투자도 없다. 사고 기다리면 가격이 상승할 수밖에 없다. 그러나 매도 타이밍을 잡지 않고 '묻지 마 투자'를 하면 실패할 확률이 크다. 분양권 투자 시 주변 시세, 중도금 대출, 매도 시기, 미래 가치, 입주 물량 5가지를 잘 살펴보자!

분양권 투자 시 주의사항

1. 주변 아파트 시세 파악을 정확히 해야 한다.

2. 중도금 대출이 가능하지 파악해야 한다.

3. 매도 시기를 정해놓고 투자한다.

4. 향후 미래 가치가 있는 곳에 투자한다.

5. 입주 물량을 파악한 후 투자한다.

07
노점상들이 있는 상가에 투자하라

부정의가 무질서보다 낫다.
-괴테(독일의 작가, 철학자)

상가 투자의 핵심은 상권 분석과 유동인구에 있다

많은 사람들이 안정적인 노후를 생각해 상자 투자를 많이 한다. 그런데 상가 투자는 쉽지 않다. 왜 상가 투자가 어려운 것일까? 상가 투자는 입지와 상권을 동시에 분석해야 하기 때문이다. 입지는 변하지 않기 때문에 주변을 조사하여 파악하면 된다. 그러나 상권 변화는 알 수가 없다. 어제의 호상권이 내일의 죽은 상권이 될 수 있는 것이다. 지방자치제도가 시작되면서 정책 일관성이 없어지고 시장이나 구청장이 바뀔 때마다 정책이 변할 수 있다. 그래서 상가 투자의 핵심은 수익률과 공실이다. 월세가 많이 나오는 상가도 좋지만 공실이 안 생기는 투자를 해야 한다. 그러기 위해서는 임차인이 바뀌기 쉬운, 누구나 들어오고 싶어 하는 상가에 투자해야 한다. 권리금이 있는 상가도 좋다. 권리금을 주고 들어온 임차인은 손해를 보지 않기 위해 손님을 맞춰놓고 나가기 때문이다.

여러분은 장사를 해보신 분이 있는가? 상가 투자가 어려운 이유 중 하나가 상가 정보가 없기 때문이다. 이곳이 장사가 잘되는 곳인지 아닌지는 월 매출이나 일 매출을 보고 알 수 있다. 그러나 그 정보를 정확히 알수 없다. 장사를 하는 이들이 매출에 대해 정확하게 말하지 않는다. 건물주가 물어보는 거 하고 창업을 새로 하실 분이 물어 보는 거 하고 매출액이 달라진다. 건물주에게는 축소해서 말하고 새로운 임차인에게는 확대해서 말하기 때문이다.

그리고 상가는 개별성이 너무 강하다. 같은 상가지만 코너자리와 중간자리가 다르다. 같은 건물이지만 남향이냐 북향이냐에 따라 임대료가 달라진다. 상가는 남향보다는 북향이 낫다. 왜냐하면 남향은 여름철 햇볕이 너무 강해서 사람들이 지나가지 않기 때문이다. 남향 상가는 햇빛으로 인한 빛의 반사 때문에 상가 안의 진열품이 잘 보이지 않는다. 그러나 북향은 어둡기 때문에 실내조명으로 상품의 진열이 잘 보이는 효과가 있다.

그리고 상가 점포는 여름과 겨울이 다르다. 특히 도로변 가로수길 상가의 경우 여름과 겨울에 희비가 엇갈린다. 여름에는 가로수의 잎이 무성하여 상가 간판을 덮을 수 있다. 그래서 겨울에 상가 계약을 할 때는 여름을 생각해서 판단해야 시행착오를 줄일 수 있다.

내가 경험한 바로는 상가 투자의 핵심은 상권 분석이다. 상권 분석을 제대로 하지 않으면 실패할 확률이 높다. 처음에는 월세가 잘 들어오다가 장사가 안 되어 임대료를 못 내면 결국 공실이 발생할 수 있다. 그래서 상가 투자 전에는 상가 건물 주변에 살다시피 해야 된다. 출근길이나 퇴근길에도 직접 가서 보고 건물 주변으로 유동인구가 많은지를 체크해야 한다. 그리고 주말과 평일도, 비가 오나 눈이 오나 가서 직접 확인해야 한다. 이때 유동인구 중에서 젊은 사람이 많은지 나이 든 사람이 많은지와 여자와 남자 비율도 알아야 한다.

노점상이 있는 상권이 유동인구가 많은 상권이다

나는 「상가업종 다양성에 따른 상권변화 특성에 관한 연구」라는 주제로 박사학위를 받았다. 상가 업종이 여러 가지 다양한 상권과 상가 업종이 동일한 상권이 어떻게 변하는지를 직접 발로 뛰어서 1,407개 필지를 조사했다. 부산 지역 중 가장 핫한 상권인 서면 상권과 광복동 상권을 직접 전수조사를 해서 1층 상가 업종의 변화를 10년 동안 조사했다. 결론은 고기 집, 커피숍, 네일 샵 등의 다양한 업종이 몰려 있는 상권은 10년간 상권의 변화가 드라마틱하게 일어났다. 자고 일어나면 업종이 바뀌는 역동적인 상권이었다. 그러나 옷가게, 양말가게, 신발가게 등 소매점이 몰려있는 재래시장 상권은 큰 변화가 없는 안정적인 상권이었다. 서면상권으로 비교하면 쥬디스태화 주변 상권은 역동적인 변화가 많은 상권이고 서면종합시장 같은 재래시장 상권은 10년 동안 거의 변화가 없는 안정적인 상권인 것이다.

그리고 나는 유동인구, 역세권, 백화점과 대형마트 유무, 배후 주거단지 유무 등의 변화 요인을 설정하여 상권의 변화를 연구했다. 그 결과 상권 변화에 가장 영향을 많이 미치는 요인은 다름 아닌 유동인구였다. 즉 상권이 활성화되고 상가 가치가 올라가기 위해서는 유동인구가 가장 중요하다. 그러면 유동인구가 많은 곳은 어디일까? 내가 경험한 바로는 노점상이 있는 상가가 유동인구가 가장 많은 상권이다.

길을 가다가 노점상을 쉽게 볼 수 있다. 주로 지하철역 근처나 버스정류장 근처에 있다. 노점상들은 사람이 많이 다니는 곳을 귀신처럼 안다. 왜냐하면 물건을 팔아야 하는, 생계가 걸려 있는 문제이기 때문이다.

나는 군 제대 후 학교에 복학하기 전에 인생의 참맛을 알기 위해서 동네 형님이랑 노점에서 양말장사를 한 적이 있다. 부산 진 시장에서 그 당시 한 켤레에 400~500원에 도매로 사서 1,000원에 팔았다. 그때 우리는 연산동역 3번 출구 바로 앞에서 양말을 팔았다. 거기에는 부산은행이 있어 많은 사람들이 은행 업무를 보고 나오면서 양말을 사갔다. 그리고 유동인구가 많아서 장사가 잘되었다. 양말도 투명비닐을 씌운 것이 잘 팔렸다. 하루에 14만 원치 판적도 있었다. 그때는 '장사가 체질에 맞지 않을까?'라는 생각도 해봤다.

그리고 해가 지면 우리는 지하철 안으로 들어가서 팔기 시작했다. 형과 나는 동업이 아닌 각자 사업을 했다. 그런데 파는 장소는 같이 움직였다. 지하철에서도 장사가 잘되었다. 특히 퇴근 시간에는 많은 사람들이 퇴근하면서 양말을 많이 사갔다. 그런데 이상하게도 내 것은 잘 팔리는데 형의 양말은 잘 안 팔렸다. 우리는 서로 이상하게 생각했다. 그런데 조금 지나서 그 이유를 알 수 있었다. 바로 나의 양말들은 불빛 바로 밑에 있어서 투명 비닐에 반사되어 예쁘게 보였던 것이었다. 그러나 형의 양말은 어두운 곳에 있어서 빛을 보지 못했다. 장사의 세계는 경험이 너무나 중요하다는 것을 그때 깨닫게 되었다.

처음 시작할 때 원래 계획은 복학 전 한 달만 양말 장사를 하는 것이었는데 보름 만에 장사를 그만두었다. 장사가 안 되어서 그만둔 것이 아니었다. 주변 노점상들의 압력이 심해서였다. 하루는 형이랑 같이 장사를 하는데 주변 노점상 몇 분이 와서 "학생들, 미안하지만 학생들은 장사하다가 학교에 복학하면 그만이지만, 우리는 여기에 생계가 달려 있어. 오늘 돈을 못 벌어가면 자식이 굶어야 된다고."라고 말했다. 그 이야기를 듣고 더 이상 양말을 팔 수가 없었다. 너무 죄송했고 내 자신이 부끄러웠다.

나는 그때의 일을 똑똑히 기억한다. 내 인생의 터닝 포인트였기 때문이다. 그때부터 공부를 열심히 했던 것 같다.

우리가 차를 타고 가다 보면 교통체증이 심한 곳은 꼭 노점상들이 쥐포나 군밤 등의 음식을 판다. 그들은 교통정체가 어디서 가장 심한지를 정확히 안다. 그래서 먹고사는 것이다. 노점상들은 유동인구가 많은 곳을 정확히 알고 있다. 그래서 오래전부터 노점에 터를 잡고 생활하는 것이다. 만약 여러분이 상가건물에 투자하거나 상가 창업을 준비하고 있다면 노점상들이 있는 상가를 선택하라. 그러면 실패할 확률이 줄어들 것이라고 확신한다.

상가 투자의 핵심은 상권 분석과 유동인구를 분석하는 것이다. 상권이 좋다는 것은 유동인구가 많아서 상권이 활성화되어 있다는 것이다. 그런데 노점상들은 사람이 모이는 곳을 정확히 알고 있다. 즉 노점상이 있는 상권이 유동인구가 많은 상권이다.

08

부동산 경기 침체기에는 경매 투자를 하라

최선을 다하고 있다고 말해봤자 소용없다. 필요한 일을 할 때는 반드시 성공해야 한다.
−윈스턴 처칠(영국의 정치인)

경매학원에 학생들이 몰리면 부동산 경기가 좋지 않은 것이다

부동산 경매법원에 '아기 업은 새댁이 보이면 먹을 게 없다.'는 격언이 있다. 아기엄마는 실수요자나 초보자를 뜻한다. 지난해 경매장을 점령한 초보 투자자는 현장 분위기에 휩쓸려 시세보다 높은 입찰가까지 써내 고수들을 따돌렸다. 경매는 알다시피 가장 높은 금액을 쓴 사람이 낙찰되기 때문이다.

그러나 최근 초보 투자자들이 줄어들고 있다. 고수들에게는 기회가 다가오고 있는 것이다. 부동산 경기가 좋지 않을 때 경매시장은 시장 참여자들이 줄어든다. 반대로 물건 수는 오히려 늘어난다. 경쟁률은 그만큼 떨어지는 것이다. 전문가들에게 불경기는 좋은 물건을 싸게 구입해 높은 수익률을 챙길 수 있는 기회인 셈이다.

일반 매매시장에서 급매 물건을 잡는 것도 투자 위험을 줄이는 방법이다. 부동산 시장은 최근 몇 년간 매도자 우위 시장에서 부동산 규제 정책 이후 매수자 우위 시장으로 바뀌었다. 매도자가 급할수록 매수자는 더 좋은 가격에 부동산을 살 수 있다.

경매 전문가나 부동산 부자들은 부동산 경기 침체기에 경매 시장을 잘 활용한다. 남들은 부동산 투자가 이제 끝났다고 푸념할 때 그들은 움직인다. 요즘 부동산 경매시장은 시장의 대중화로 인해 고수들만의 시장이 아니다. 일반인도 경매 대리가 허용된 부동산중개업소나 각종 경매기술을 가르치는 전문교육기관을 활용하면 쉽게 접근할 수 있기 때문이다.

경매전문학원은 전국적으로 꽤 많이 있다. 경매학원의 교육도 옛날과 비교하여 획기적으로 좋아졌다. 내가 처음 배웠던 10년 전만 해도 경매 기초 과정이 다였다. 기본적인 권리 분석이 전부였는데 지금은 경매 기초부터 전문가 코스까지 다양하게 배울 수 있다. 경매전문학원에서 매년 많은 사람들이 경매시장에 들어오면서 경매시장이 대중화된 것이다.

지인 중 한 사람은 경매전문학원을 다니면서 경매를 배워 많은 돈을 벌었다. 그는 가진 돈이 많아서 보통 사람들이 입찰하지 않는 금액이 큰 것에 투자했다. 경매 감정가가 큰 물건은 입찰하는 사람이 상대적으로 적기 때문에 경쟁률이 낮은데, 그는 주로 감정가의 60%에서 낙찰을 받고 80%에서 매매를 하는 방식으로 투자에 접근했다. 사실 감정금액이 적은 아파트나 빌라는 이런 식의 투자는 어렵다. 왜냐하면 워낙 많은 사람들이 경쟁하기 때문에 60%에 낙찰할 수 없다. 감정가가 큰 물건이라서 가능한 것이다.

주변에 경매 투자를 전문적으로 하는 이들이 꽤 많다. 1년에 1~2번만 낙찰받아도 1년 연봉을 벌 수 있기 때문이다. 그러나 잘못된 경매 투자는 투자 실패로 이어진다. 경매 분위기에 휩쓸려서 나도 모르게 너무 높게 입찰하면 후회만 남게 될 것이다. 급매보다 비싸게 살 수도 있다. 경매 투자를 하는 이유는 시세보다 싸게 사기 위한 것이니 그렇다면 상당히 억울한 노릇이다.

경매 투자 시 주의사항

경매 투자할 때 주의해야 할 몇 가지 사항이 있다.

첫째, 입찰 가격은 흔들리지 말아야 한다. 여러분이 경매 물건에 대해 권리 분석을 한 입찰 가격으로 정한 금액을 입찰해야 한다. 분위기에 휩

쓸리지 말아야 한다. 입찰 전 여러분은 항상 '이 세상에 경매 물건은 넘치고 넘친다.'라고 생각하며 혹시 떨어져도 담담해야 한다.

둘째, 경매 물건의 부동산 가격이 아닌 가치를 써라. 권리 분석 시 물건파악을 할 때 너무 지금의 가격만 분석하면 낙찰을 받을 수가 없다. 다른 사람은 보지 못하는 여러분만의 미래 가치를 파악해야 한다. 그러면 낙찰받을 가능성이 커진다.

셋째, 대출 규제로 인한 자금 조달 계획을 미리 짜야 한다. 요즘 정부의 대출 규제로 예전처럼 감정가의 70% 대출이 가능하다고 생각하면 안된다. 다주택자와 규제 지역의 부동산은 대출이 어려울 수도 있다. 잘못하면 어렵게 낙찰받고도 입찰 보증금을 포기해야 하는 최악의 상황에 부딪칠 수 있다.

넷째, 막연한 기대로 투자하지 말아야 한다. 신도시가 들어설지 모른다는 막연한 기대감으로 투자해서는 안 된다. 주변의 말에 휩쓸려서 거래가 잘되지 않는 맹지나 그린벨트 지역의 땅을 경매받는 것은 여러분이 아닌 여러분의 손자를 위한 토지라고 생각하면 된다.

강남·목동 등 인기지역의 아파트는 지난해 감정가의 110~130%대에서 낙찰됐으나 최근에는 한두 차례 유찰된 물건이 늘고 있다. 부동산 경매 관계자는 "입찰자가 크게 줄어들지는 않았으나 낙찰률은 지난해 90%, 올해 초 70~80%에서 최근 60% 정도로 떨어진 느낌이다."라고 말했다. 이처럼 경매시장의 열기가 식은 것은 대출 규제가 강화되고 상승 기대가 낮아졌기 때문이다.

하지만 일부 투자자들은 지금이 1~2회 유찰된 강남권 중대형 아파트를 잡을 기회라고 생각한다. 그들은 '과거 정부의 부동산 정책은 길어야 1년 정도밖에 효과가 없었다.'라고 한다. 그러면서 중소형 물건은 경쟁이 치열해 수익률 게임에서 불리하다고 주장한다.

위드 경매학원 김태경 원장은 경매 투자를 강조했다.

"일반 부동산 시장이 불황일 때 경매 시장은 호황이다. 경매 투자를 통해 주변 시세보다 싸게 낙찰받을 수 있다. 지금은 오히려 경매 투자자에게는 기회가 될 수 있으니 잘 활용하기 바란다."

그러나 앞으로 경·공매 물건이 더욱 늘어날 것이므로 당분간 관망하는 것이 낫다는 지적도 있다. 코리아 경매학원 이진성 부원장은 "올해 말부터는 대출을 갚지 못해 경매시장으로 흘러나오는 주택 물건이 20% 정도 늘어날 것으로 예상되므로 한 템포 늦게 접근하는 것이 바람직하다."
라고 말했다.

법원경매는 부동산 경기의 선행지표라 할 수 있다. 경기가 나빠질 조
짐이 보이면 경매 물건이 점차 늘어나면서 낙찰가율(감정가 대비 낙찰금
액 비율)이 떨어진다. 낙찰 통계를 비교해보면 부동산 경기의 흐름을 금
방 파악할 수 있다. 즉 경기가 좋을 때에는 경매 물건이 크게 줄면서 낙
찰가율이 올라가고 입찰 경쟁률이 크게 치솟는다. 반대로 경기 침체기에
는 물량이 풍부하고 수회 유찰한 주택 경매 물건이 늘어나니 값싼 부동
산을 살 절호의 기회인 셈이다.

서울 및 수도권에서 한 달이면 아파트, 다세대, 단독 등 우량 주택 경
매물량이 1,000여 건이 넘고, 전국적으로는 2만 여 건이 훌쩍 넘는다. 경
매에 넘어오는 물량이 풍부하기 때문에 원하는 지역과 내 자금에 맞게
골라서 살 수 있다. 앞으로 경매 물량이 늘어날 가능성이 큰 이유는 부동
산경기가 활황일 때 무리한 은행 대출을 얻어 주택에 투자했던 물건이
많다는 것이다. 그런데 서서히 경기가 어려워지면서 이자 부담이 커지고
채권자에 의해 경매에 넘어오는 경우가 많은 것이다.

부동산 경기 침체기 때는 경매 투자를 해야 한다. 싸게 살 수 있는 기회

가 온 것이다. 그러나 시세 파악도 입찰 전 반드시 조사해봐야 한다. 감정가는 참고가격이라는 생각으로 주변 시세를 파악해야 한다. 법원 감정가는 감정 시점과 감정사에 따라 들쭉날쭉할 수밖에 없다. 인근 중개업소에 들러 최근에 나온 일반 매물 가격과 경매 물건의 가격을 비교해보고 시세보다 최소 10% 이상 싼 값에 입찰해야 성공한 것이다.

투자 핵심 요약

08 부동산 경기가 나빠지면 경매 투자를 준비하라!

부동산 경기가 나빠지면 거래가 실종되면서 가격이 하락한다. 집도 팔지 못하고 은행 이자도 감당하지 못하는 물건이 경매시장에 나오게 된다. 그러면 부동산 경매 시장이 활황이 된다. 경매 물건이 늘어나면서 경매 투자 수익률도 상승하게 된다.

PART 5

지금 당장
부동산 투자를
공부하라

01

돈 없는 내가 할 수 있는
재테크는 무엇일까?

성공은 형편없는 선생이다. 똑똑한 사람들이 절대 패할 수 없다고 착각하게 만든다.
－빌 게이츠(마이크로 소프트 창업자)

부동산 재테크의 시작은 종잣돈 모으는 것부터

많은 사람들이 부자가 되고 싶어 한다. 혹은 부자들이 하는 투자를 똑같이 따라 하려고 한다. 하지만 그들은 돈이 없어서 따라 하지 못한다. 또한 대부분은 시간을 투자하려 하지도 않는다. 그래서 100명 가운데 3명만 부자인 것이다. 그리고 3명은 1등을 하기 위해 경쟁을 한다. 결국 세상의 3%만이 참된 부자로 살아간다.

요즘 젊은이들에게 "꿈이 있습니까?"라고 물어보면 "꿈이 없다."라고 한다. 현재 먹고살기도 어려운데 꿈이 무슨 소용이냐는 것이다. 나는 돈이 없으면 재테크 공부라도 열심히 하라고 한다. 즉, 책이라도 읽으라는 것이다. '하버드 공부벌레들의 성공을 위한 10가지 계명'을 보면 첫 번째가 '지금 잠을 자면 꿈을 꾸지만 지금 공부를 하면 꿈을 이룬다.'라고 나온다. 돈이 없어 투자를 못 하면 열심히 아껴서 종잣돈을 모으면서 다음 기회를 위해 공부를 해야 된다. 기회는 준비된 자에게만 성공을 보장하기 때문이다.

종잣돈을 모을 때는 비참해야 된다. 참아야 된다. 무조건 안 써야 된다. 그래야 종잣돈을 모을 수 있다. 나는 결혼 후 종잣돈을 모으기로 결심하고 정말 비참하게 생활했다. 아내랑 맞벌이를 했지만 월급이 워낙 적었던 관계로 수입의 70%를 모아야겠다고 생각했다. 수입의 70%를 모으는 것은 해본 사람은 알겠지만 정말 안 쓰고 아껴야 가능한 일이다. 생활에 꼭 필요한 지출만 하고 아낄 수 있는 것은 거의 다 아꼈다. 웬만하면 걸어 다녔다. 버스비와 지하철 같은 대중교통도 타지 않았다. 외식은 거의 하지 않았으며 우리의 최고의 외식은 시장에서 파는 칼국수를 사먹는 일이었다. 아내가 첫째를 임신했는데도 맛난 것도 못 사주고 우리는 자주 칼국수를 먹었다. 그래서 첫째 딸은 국수를 제일 좋아한다. 면 종류는 다 잘 먹는 것 같다. 그리고 아내는 육아용품을 아끼기 위해 육아 교육프로그램에 다니며 물티슈와 기저귀, 분유 등을 모아서 윤서 100일까지 육아용품을 사지 않았다. 그리고 라디오에 사연을 보내서 외식 상품권과 선물을 받아서 생활비에 보탰다.

그리고 집에서 나오는 폐지를 모으고 재활용품을 모아서 집 앞에 있는 고물상에 팔았다. 아마 아파트에 이사를 오기 전까지 계속 폐지를 팔았던 것 같다. 아파트 이사를 오니 눈치가 보여서 그만두었다.

지금도 생각하면 아내에게 미안하다. 결혼할 때 아내에게 예물을 못해줬다. 내가 결혼 후 1년 안에 다이아몬드 반지를 해준다고 약속했는데 아직까지도 약속을 못 지키고 있다. 지금은 사파이어 반지도 해줄 수 있지만 나이 들어서 아내는 싫다고 한다.

내 기억 속에 아직도 가슴 찡한 추억이 하나 있다. 보통 결혼 1주년 기념일 때는 근사한 레스토랑에 가서 맛있는 외식을 하고 기분을 낸다. 그러나 나는 동네 돼지국밥 집에서 아내는 돼지국밥, 나는 순대국밥을 먹었다. 하필 우리가 식사하는 것을 친구가 지나가면서 봤는데, 그 당시 나는 천하의 나쁜 놈이 되었다. 친구들은 어떻게 결혼기념일에 거기서 밥을 먹느냐며, 내 아내가 정말 대단하다고 말했다.

1등을 하는 것도 어렵지만 1등을 지키는 것은 더 어렵다

내가 인생을 살면서 가장 잘한 것 3가지가 있다.

첫 번째는 지금의 아내를 만난 것이다. 참 좋은 사람이다. 나를 이해해주고 배려심이 깊은 사람이다. 내가 부경대를 그만두고 경주대까지 가서 찾은 소중한 사람이다. 우리가 처음 만난 것은 대학교 2학년 때였다. 나는 학교를 다시 들어갔기 때문에 학년은 아내와 동기였다. 우리는 학과 회장님의 추천으로 임원 활동을 같이했다. 무엇보다 가까워진 것은 나의 자취방과 아내의 집이 가까웠던 것이다. 그래서 학과 일을 마치고 집에 같이 가면서 친해졌던 것 같다. 나는 경주에 할머니랑 같이 살았다. 할머니가 손자 밥을 해주러 부산에서 올라오셨던 것이다. 나는 할머니 손에서 자랐기 때문에 할머니와의 생활이 너무 좋았다. 내가 아내랑 사귀면서 이 여자랑 결혼해야겠다고 생각한 계기가 있다. 당시 아내가 자취방에 자주 놀러와서 할머니와도 많이 친해졌다. 그러던 주말 오후에 내가 농담으로 아내에게 "할머니랑 목욕이나 갔다 와."라고 농담을 했는데 아내는 진짜 할머니랑 목욕탕에 갔다 왔다. 나는 그 모습이 너무 인상 깊었다. 많이 불편했을 텐데 목욕탕에서 할머니 등도 밀어주었다고 한다. 나는 사실 이때 결혼해야겠다고 결심했고 필리핀으로 떠날 때도 같이 갔다.

두 번째는 담배를 배우지 않은 것이다. 우리 아버지는 내가 태어나고 담배를 끊으셔서 나는 자연히 담배를 피우지 않은 환경에서 자랐다. 내가 어린 시절에는 담배 피는 사람이 대부분이었다. 지금처럼 금연이 일상화되어 있지 않았다. 그때는 비행기를 타고 가면서도 화장실에서 담배를 피우던 시절이었다. 사실 나는 기관지가 좋지 않아서 담배연기를 마시면 코와 목이 잠기면서 너무나 고통스럽다. 지금도 담배 피우는 사람 옆에 가지 못한다. 아마 내가 담배까지 피웠으면 종잣돈을 모으는 게 더 어려웠을 것이다. 건강과 목돈이라는 2마리 토끼를 다 놓칠 뻔했다.

세 번째는 부동산을 어린 나이에 빨리 알게 된 것이다. 20대 후반부터 투자를 했기 때문에 남들보다 훨씬 일찍 부동산 투자를 하게 되었다. 부동산 투자를 통해 월세도 받고 시세 차익도 남기면서 투자의 맛을 알게 되었다.

그리고 동의대 경영대학원에 진학하면서 강정규 지도교수님을 만난 것이다. 나의 부동산학 박사 지도교수님이신 강 교수님은 우리나라 부동산학 박사 1호다. 남들은 그 당시 복덕방학과라고 놀리던 그 시기에 교수님은 부동산학이라는 학문이 뜰 것을 미리 예측하셨다고 한다. 정말 대단한 분이다. 지금은 동의대 부동산대학원 초대 원장과 부동산 금융·자산 경영학과 학과장이고 부동산 최고위과정 원장님이다. 나는 지도교수님이 많은 기회를 주셔서 지금 동 대학원에서 겸임교수로 학생들을 가르치고 있다. 그리고 부산대·부경대학교 평생교육원 재테크 종합과정에서도 책임교수를 맡고 있다. 나의 은인이자 영원한 지도교수님이다.

내가 옆에서 본 지도교수님은 늘 최선을 다하시는 것 같다. 예전에 이런 일도 있었다. 새 학기 학생 모집을 무사히 마치고 3월 학기가 시작되기 전 동계 계절학기 평생교육원 수업에 교수님이 학교 홍보 팸플릿을 직접 갖고 오셨다. 나는 속으로 '올해 학생 모집이 성공적으로 마무리가 잘 되었는데 왜 또 팸플릿을 가져오신 것일까?'라고 의아해했다. 교수님은 내년 학생 모집을 시작하고 있었다. '정말 성공하는 사람은 미래를 대비하고 준비하는구나.'를 깨닫게 되었다. 가끔 이런 생각도 한다. '만약에 교수님이 아니라 사업을 하셨으면 아마 지금쯤 큰 기업의 회장님이 되었을 것 같다.'

1등을 하는 것은 그냥 1등을 하는 것이 아니다. 정말 최선을 다하는 것이다. 그래서 1등을 하는 사람은 외롭고 쓸쓸한 것이다. 그들은 1등을 지키기 위해 지금 이 시간에도 노력하고 또 노력하기 때문이다.

아파트 분양을 하기 위해서는 시행사인 건설회사에서 마케팅 차원에서 사업설명회를 개최한다. 보통 모델하우스 오픈 전 진행된다. 부동산 관계자들과 인근 개업 공인중개사 소장들을 초대한다. 아파트 분양이 잘 되게 홍보 좀 잘해 달라는 의미인 것이다.

나는 수많은 사업설명회 중 부산광역시 장전동에서 분양했던 장전 래미안 아파트가 기억에 남는다. 삼성 래미안 건설사에서 약 2,000세대를 분양했는데 지하철 1호선 부산대역과 온천장역을 끼고 있는 더블역세권이었다. 그리고 그 당시 부산 지역 부동산 시장은 너무나 뜨거웠기 때문에 누구나 높은 경쟁률로 완판이 될 것이라고 예상했다. 그래서 처음에는 사업설명회도 하지 않고 바로 모델하우스를 오픈하는 것으로 알고 있었다. 그런데 분양시기가 다가오자 삼성 래미안은 대대적인 홍보를 하기 시작했다. 고래 풍선을 띄우고 TV와 라디오, 시내버스 등 마케팅을 엄청 많이 했다.

부산 지역 부동산 시장을 래미안 브랜드로 다 채우려고 하는 마케팅 전략 같았다. 사업설명회에도 유명가수를 초청하고 선물도 전달하면서 많은 홍보를 했다. 래미안 관계자와의 질문 시간이 되자 한 남자가 손을 들어 질문했다. "지금 부동산 경기나 브랜드, 세대수, 입지 등을 볼 때 100% 높은 경쟁률로 성공 분양을 할 것 같은데 왜 이렇게 홍보를 열심히 합니까?" 그러자 작심한 듯 관계자가 대답했다. "삼성 래미안이 10년 넘게 1등을 지키고 있는 이유가 바로 여기에 있습니다." 설명회 강당은 갑자기 조용해졌다. 그리고 관계자는 말을 이어나갔다. "저희는 1등을 지키기 위해 최선을 다합니다. 장전 래미안이 홍보를 안 해도 성공할 거라는 사실은 저희도 잘 알고 있습니다. 그러나 우리는 어느 지역이나 최선을 다합니다. 그것이 우리 회사의 방침입니다." 그렇다. 1등을 하는 것은 힘들다. 그러나 1등을 지키는 것은 더 힘든 것이다.

지금은 재테크 절망의 시대다. 재테크를 생각하는 게 아니라 지금 당장 먹고사는 것을 걱정해야 하는 시대에 살고 있다. 그러나 미래는 준비해야 한다. 여러분이 종잣돈을 모으고 있을 때도 부동산 공부를 시작해야 한다. 그리고 주말을 이용해서 임장을 열심히 다녀야 된다.

많은 사람들은 자신들이 꿈꾸는 것 이상으로 부자가 될 수 있는 잠재력을 갖고 있다. 문제는 그 잠재력을 어디에 투자해야 되는지 배운 적이 없다는 점이다. 그래서 그 많은 잠재력이 빛을 보지 못하고 사라지는 것이다. 여러분이 부자가 되고 싶으면 작은 것부터 실천하자. 아끼고 책을 펼치자.

투자 핵심 요약
01 기회가 있는 지금,
종잣돈을 모으면서 부동산 공부를 하라!

부동산 재테크의 시작은 종잣돈을 모으는 것이다. 종잣돈을 모으면서 부동산 공부를 해야 한다. 그리고 많은 임장을 통해 물건 보는 법을 배우자. 이 방법을 계속 실천하다 보면 재테크에 성공할 수 있다.

02

해답은 결국 부동산 투자이다

잠자는 동안에도 돈이 들어오는 방법을 찾지 못하면
당신은 죽을 때까지 일을 해야 할 것이다.
—워런 버핏(미국의 기업인)

사회 초년생부터 부동산 투자를 시작해야 한다

우리나라 월급쟁이들의 연평균 소득은 3,387만 원이다. 고액 연봉의 대명사인 연봉 1억 원의 실제 월 수령액이 얼마일까? 여러분 놀라지 마라. 한 달에 세후 약 690만 원 받는다. 이것도 부양가족이 자신 포함해서 4명이 되어야 된다. 혼자이면 공제가 줄어들어 약 660만 원만 받는다. 그리고 우리나라에서 1억 이상 연봉을 받는 사람은 직장 근로자의 2.8% 인 43만 명이다. 그리고 8,000만 원에서 1억 미만인 사람이 3.0%인 46만 명이다. 마지막으로 6,000만 원에서 8,000만 원 미만은 7.0%인 107만 명이다. 이를 통해 연봉 1억 받는 사람도 세금과 소득세 등을 제하고 나니 월급만 가지고 절대 부자가 될 수 없다는 것을 알 수 있다.

사람들은 모두가 부자가 되고 싶어 한다. 그러나 대부분 평범한 직장인이고 월급으로 부자가 될 수 없다는 점을 알고 있다. 그러면 모두가 생각하는 것처럼 직장인은 부자가 될 수 없는 것일까? 해답은 결국 부동산 투자이다.

장홍탁이 쓴 『부자 직장인 가난한 직장인』이란 책을 보면 저자는 은행의 지점장으로 근무하면서 부자가 될 수 있었던 3가지 공통점을 확인했다. 분명한 목표와 의지를 갖고 자신만의 안목으로 효율적인 방법을 10년 이상 꾸준히 하는 것이다. 평범한 말일 수 있지만 3가지를 모두 지킨 사람은 극히 드물다.

부자는 자수성가형 부자와 투자가형 부자, 자기계발형 부자로 나뉜다. 특히 자기계발형 부자가 없다는 점에 주목해야 한다. 자기계발하는 것을 부자로 가는 방법이라고 하지만 실제로는 그렇지 않다고 한다. 자수성가형이나 투자가형 부자 중 하나가 되기 위해서는 명확한 목표와 전략이 있어야 한다.

사회초년생 때부터 재테크 공부를 해야 하고 실천할 것을 강조한다. 결국 하루라도 빨리 부동산 투자를 해야 된다는 것이다.

내 강의에서 만난 공기업에서 다니는 L씨는 현재 직급이 과장이다. 그리고 예산 관련 핵심부서에 근무하기 때문에 모두의 부러움을 사는 자리이다. L씨는 평일 저녁에 경매전문가 과정의 강의를 듣고 있었다. 나는 궁금해서 그에게 물었다. "정년이 보장되는 공기업을 다니면 미래가 보장된 직업인데, 그리고 나이가 젊어서 아직 재테크에 대한 생각이 없을 텐데 어떻게 공부를 하게 되었어요?" 그러자 L씨는 단호하게 대답했다. "정년이 보장되는 건 맞지만 직장만으로는 부자가 될 수 없겠다고 생각했어요. 그리고 공기업은 연금이 거의 없어요!"

그리고 L씨는 정년까지 회사를 다닐 생각이 없었다. 재테크에 성공해서 경제 자유인이 되면 내가 하고 싶은 일을 하며 살고 싶다고 했다. 나는 젊은 친구가 빨리 목표를 정하고 자신의 꿈을 위해 노력하는 모습이 너무나 대단했다. 나중에 알게 된 사실이지만 벌써 아파트 2채를 가지고 있으며 월세를 매달 받고 있다.

대한민국에서 과연 월급쟁이가 연봉이 높다고 해서, 저축을 많이 한다고 해서, 부수입이 많다고 해서 부자가 될 수 있을까? 월급쟁이의 한정된 월급으로는 가파르게 뛰어오르는 주거비, 양육비, 생활비 등을 모두 충당할 수 없다. 직장에 다니면서 부동산 투자를 해야 한다. 그것을 위해서는 직장생활을 시작하면서 종잣돈을 모아야 한다. 그리고 종잣돈을 모으면서 부동산 공부를 해야 한다. 직장생활과 부동산 투자를 병행하며 생활해야 된다는 것이다. 이런 생활을 사회초년생부터 하지 않으면 남들보다 늦어진다. 늦어진 만큼 시간은 당신의 편이 아닐 수 있다.

여러분 주변에 이런 친구들이 없는가? 직장을 다녀서 시간이 없어 적극적으로 부동산 투자를 하지 못한다고 말하는 친구들 말이다. 경제적 자유와 안정적인 노후를 위해서는 직장생활에 안주하지 말고 반드시 부동산 투자를 해야 한다. 간혹 투자보다 절약을 우선시해 계속 저축만 하는 사람들이 있는데, 부자가 되려면 그러한 자세를 버려야 한다.

그리고 나는 젊은 사람들에게 최대한 빚을 활용하라고 말한다. 그리고 종잣돈을 모으면서 고생을 해보라고 감히 말하고 싶다.

아프니까 청년이지, 아프니까 중년은 아니다

이케다 다이사쿠 SGI 명예회장은 이렇게 말했다. "청년 시대에는 괴로움의 연속이다. 그것으로 좋은 것이다. 젊을 때부터 아무런 고뇌도 하지 않는다면 훌륭한 지도자가 될 수 없다. 노고로 자신을 단련하고 자신을 성장시키는 것이다."

청년 시대의 괴로움과 힘든 것은 당연하다는 것이다. 바로 그것을 이겨낼 수 있는 힘을 기르는 시기라는 것이다.

베스트셀러 작가인 김난도 교수는 불안한 미래와 외로운 청춘을 보내는 이 시대 젊은이들에게 보내는 편지 『아프니까 청춘이다』라는 책을 썼다. 수많은 청춘의 마음을 울린 김난도 교수가 여러 매체에 기고했던 글을 포함한 총 42편의 격려 메시지이다. 김난도 교수는 미래에 대한 불안감으로 힘들어하는 이들에게 따뜻한 위로의 글을 전한다. 또 때로는 차가운 지성의 언어로 청춘들이 미처 생각하지 못한 깨달음을 일깨워주어 아무리 독한 슬픔과 슬럼프를 만나더라도 스스로 극복하고 이겨낼 수 있는 용기를 전하고 있다.

앞의 두 명사는 청년 시기의 괴로움, 아픔을 이야기하면서 그들의 마음을 위로하며 격려하고 있다. 그러나 그것은 청년 시대에 끝내야 된다. 예를 들어 '아프니까 중년이다.'라는 말은 없다. 그것은 청년 시기를 잘못 산 것과 같다. 그리고 젊었을 때는 실패하고도 일어설 수 있는 시간과 용기가 남아 있지만 중년 때 실패하면 자칫 가정을 파탄에 이르게 할 수 있다. 책임의 범위와 무게가 다른 것이다.

공인중개사 시험을 준비할 때 만난 50대 초반의 H형님은 예전에 프랜차이즈 사업을 크게 하셔서 돈을 많이 벌었다. 그런데 계속 잘될 것 같았던 프랜차이즈 사업이 주변 경쟁업체가 들어오면서 어려움을 겪었다. 결국 사업을 정리하고 공인중개사 시험을 공부하러 학원에 온 것이었다. 나는 첫해에 1, 2차 합격하고 형님은 그 다음 해에 최종 합격을 했다. 그 후로도 우리는 자주 만났으며 허물없는 사이가 되었다. 술을 한 잔 먹을 때마다 형님은 과거 잘나갈 때 부동산을 투자해놓지 않은 것을 많이 후

회했다. 프랜차이즈 사업이 한창 잘되다 보니 사업을 확장했고 평생을 잘 먹고 잘 살 수 있을 거라고 생각했다고 한다.

그 당시 형님은 많은 지인들로부터 상가 건물이나 아파트 등 부동산 투자권유를 받았는데 안 했다. 그때 부동산만 몇 개 사서 월세를 받았다면 사업이 어려워져도 먹고사는 데 지장이 없었는데 말이다.

부동산 투자는 젊은 직장인이나 자기 사업을 하고 있는 사업가 모두 해야 한다. 공무원도 안정적인 연금이 있다고 너무 안주해서는 안 된다. 내 주변에 보면 정년 퇴임 후 남자들은 놀이터가 없어 아파트 안에서 빈둥빈둥 돌아다니는 어르신이 너무나 많다. 놀이터를 가끔 나의 부동산 사무실로 정해서 오는 분도 있는데 참 보기가 안 좋다.

지금도 많은 직장인이 부동산 투자를 병행하며 열심히 살고 있다. 누가 시켜서 그렇게 하는 게 아닌 자신이 스스로 하고 있는 것이다. 혹시 지금 당신만 회사에 열심히 다니고 있지 않은가? 해답은 결국 부동산 투자다.

투자 핵심 요약
02 사회 초년생이여, 부동산 투자를 하라!

첫 직장에 들어간 사회 초년생 시절부터 부동산 투자를 해야 한다. 왜냐하면 직장생활만으로는 부자가 될 수 없기 때문이다. 여러분이 언제 시작을 하느냐에 따라 여러분의 정년은 단축될 수 있다. 해답은 결국 부동산 투자다.

03

은행이 아닌 부동산으로 적금을 부어라

가장 위대한 성공은 한 번도 추락하지 않는 게 아니라,
추락한 뒤 다시 일어서는 힘에 있다.
―빈스 롬바르디(미식축구계의 전설)

종잣돈을 모으는 방법은 단연 적금이 최고다

여러분은 '돈이 돈을 번다.'라는 말을 들어본 적이 있는가? 나는 들어본
적이 있다. 종잣돈을 열심히 모아서 그 돈으로 투자하면 그 돈 때문에 월
세가 들어온다는 말이다. 또는 종잣돈을 가지고 대출을 활용하여 투자했
는데 몇 년 뒤에 가격이 올라 시세 차익을 낼 수 있다는 말이기도 하다.

나는 앞에서 '은행은 저축하는 곳이 아닌 대출하는 곳이다.'라고 했다.
저축뿐만 아니라 적금하는 곳도 아니다. 그러나 적금은 매달 불입해야
하는 강제성이 있기 때문에 종잣돈을 모으는 방법으로는 단연 적금이 최
고다. 그리고 적금은 원금이 100% 보장되기 때문에 원금 손실의 위험이

없다. 종잣돈을 모으는 데 펀드나 주식을 하는 분도 많은데 이것은 위험하다. 종잣돈은 정말 아끼고 아껴서 내가 몇 년 동안 얼마를 모아야겠다는 구체적인 목표를 가지고 시작해야 한다.

그러나 목표도 이루기 전에 손해가 나거나 원금을 지키지 못하면 투자도 하기 전에 실패하게 된다. 종잣돈 모으는 것은 안전하게 가야 한다. 종잣돈을 모으면 이제는 실행 단계다. 부동산 투자로 시작해야 한다. 빠른 사람은 금방 투자의 맛을 경험하게 된다. 그럼 이제부터는 호랑이가 날개를 단 것처럼 앞으로 쭉 나아갈 수 있게 되는 것이다.

나는 처음 종잣돈 2,400만 원으로 투자를 시작했다. 내가 처음 투자할 때는 가장 많이 본 부동산 정보는 벼룩시장 생활정보지였다. 시간이 될 때마다 벼룩시장을 보면서 투자할 물건을 검색했다. 그리고 괜찮은 물건이 나오면 전화를 걸어 물건을 보러 갔다. 아마 그런 생활을 한 달 정도 하다 보니 직접 물건을 보지 않아도 대충 그림이 그려졌다. 보통 생활정보지에는 정확한 주소가 나오지 않는다. 그래서 ~근처, ~주변 등이라는 표현을 많이 쓰는데 직접 가서 보면 지하철과 버스 정류장 거리가 다를 때가 많았다. 그래서 직접 가서 주변을 잘 살펴봐야 한다.

나는 종잣돈으로 처음 다가구 주택을 사서 청소하고 수리할 때는 내 집이라는 것이 믿겨지지 않았다. 이 세상 수많은 건물 중에 내 이름으로 된 집이 있다는 것이 직장을 다니면서도 큰 힘이 되었다. 왠지 이 집이 버팀목이 될 것 같았다. 그리고 다시 종잣돈을 모았다. 부동산 공부를 하면서 중간에는 경매 투자도 하고 부동산 투자를 계속했다. 그리고 처음 샀던 다가구 주택이 2년이 다가오자 주변 전세 가격이 폭등하기 시작했다. 그래서 나는 전세 가격을 올려 받았고 올려 받은 전세 가격으로 다른 부동산에 투자할 수 있었다. 내가 다가구 주택을 사서 청소하고 수리하면서 2년 동안 다른 투자를 하지 않았는데 전세 가격 폭등으로 종잣돈이 생기는 투자의 맛을 경험했다. 투자의 맛은 너무 달달했다. 이래서 부동산 투자를 한다는 생각을 많이 했다.

한 살이라도 젊을 때 소액 부동산 투자를 해라! 월급이 쥐꼬리만 한데 돈이 어디서 나서 투자를 하느냐고 불평할 수 있다. 여러분이 매일 낭비하는 돈 중에 아낄 수 있는 돈은 없을까? 자세히 살펴보면 꽤 많다. 술 먹고 담배 피우는 사람은 당장 끊지는 못 하지만 줄여나가야 한다. 그리고 주변 사람들이 은행 수수료를 아끼지 않고 현금인출기를 사용하는데, 그 습관도 고쳐야 한다. 조금만 걸어가면 은행이 있는데 귀찮다고 편의점 현금인출기를 이용하는 것이다. 여러분이 종잣돈을 모으기 위해서는 철저하게 여러분의 씀씀이를 체크해서 행동으로 옮겨야 한다. 지금 부자가 된 많은 사람들은 종잣돈 모으기가 이 세상에서 가장 힘들었다고 고백한다. 정말 사람이 할 짓이 아니기 때문이다.

은행이 아닌 부동산에 투자해라

거의 80세가 되신 K할아버지가 있다. 아직도 일하고 열심히 생활하신다. 할아버지라고 부르면 큰일난다. "내가 왜 할아버지야? 사장님이라고 불러."라고 핀잔을 주신다. 나는 할아버지 건물 1층에 임대를 놓으면서 그와 친해지게 되었다. 할아버지는 건물이 여러 채 있는데 내 사무실 근처에도 건물이 있다. 그 건물 1층에 임대를 놓았는데 입지가 좋아 인기가 좋았다. 그런데 K할아버지는 아무나 임대를 주지 않았다. 면접을 보고 합격을 해야 임대해 들어갈 수 있었다. 사람들은 '아니 서로 금액이 맞고 조건이 맞으면 계약하면 되지 무슨 면접까지 보는가?' 라고 의아해 했다. 그런데 할아버지는 임차인의 살아온 인생을 보고 임대 여부를 결정한 것이다. 과거에 장사를 하면서 비바람을 맞아본, 즉 눈물 젖은 빵을 먹어본 사람만 임대를 줬다. 할아버지는 입지가 좋다고 해서 과거 아무런 경험도 없이 장사를 시작하면 백발백중 망한다고 했다. 망하면 서로 입장이 곤란해서 면접을 본다는 것이었다. 그래서 면접을 통해 사람을 판단하는 것이다.

할아버지는 젊은 시절 정신없이 살았다고 한다. 그때는 먹고사는 것이 제일 큰 문제였다. 자식들 다 대학에 보내려면 예전에는 소를 팔아서 대학 등록금을 마련했다고 한다. 할아버지는 젊을 때 부산으로 오면서 절약을 습관처럼 실천하며 검소하게 살았고 미래를 위해 돈을 모아서 땅을 샀다. 옛날에는 이 땅에 상추나 배추도 심어서 먹었는데 세월이 흘러 대지로 용도가 바뀌면서 지금의 건물을 지을 수 있었던 것이다. 지금 내가 아는 바로는 건물 2채의 땅이 80평 정도 되고 4층 건물을 2개 지어서 현재 월세를 받고 생활하신다. 결국 부동산 투자는 할아버지의 노년을 행복하게 해준 것이다.

여러분은 좋은 재테크 방법이 있는가? 한때는 펀드 투자가 한창 유행한 적이 있었다. 이때는 돈을 적립만 하면 올랐던 기억이 난다. 그러나 뒤늦게 투자했던 주변 친구들은 마이너스 수익을 보고 펀드 투자를 그만두었다. 그리고 돈 모으려면 적금이 최고라고 생각하며 많은 사람들이 적금으로 옮겨 탔다. 그러나 점점 금리가 낮아지더니 역사상 가장 낮은 1.25%까지 내려갔다가 지금은 조금 오른 상태다. 그러나 지금은 저금리 시대이다.

부동산의 '부'자도 모르는 사람도 은행에 돈을 넣어놓으면 이자가 얼마 되지 않는다는 것을 알고 있다. 그러나 문제는 저금리 시대가 앞으로 계속 이어질 것이라는 점이다. 세계는 저성장 시스템에 빠져 있고 전체적인 세계 경기가 좋지 않기 때문이다.

『나는 마트 대신 부동산에 간다.』의 저자인 김유라 씨는 은행이 아닌 아파트로 적금을 부으라고 강조한다. 대부분의 부동산 관련 서적들은 저자들이 남자인데 반해 김유라 씨는 아이 셋의 전업주부로 부동산이 왜 여자에게 투자하기 적합한지부터 소액 투자법, 셀프 리모델링으로 수익률 높이는 방법까지 이해하기 쉽고 간단명료하게 설명했다.

그녀는 집안일을 하는 시간을 줄이고 지인들을 만나 수다 떠는 시간을 줄였다. 그렇게 아낀 시간을 허투루 쓰지 않고 미친 듯이 부동산 책을 읽고 공부했다. 누구나 부자가 되기 원하고 누구나 쉽게 투자에 성공하기 원한다. 그러나 어떤 투자든 책 몇 권 읽고 쉽게 성공할 수 있는 투자는 세상에 없다. 부동산 공부는 경제신문 읽기와 부동산 관련 서적부터 읽으면서 시작해야 한다. 그리고 부동산 투자를 직접 하면서 시행착오를 겪으면서 성장하는 것이다.

'거액의 투자로 일확천금을 노리라.'는 것이 아니다. 은행이 아닌 부동산으로 적금을 부으라는 말이다. 여기서 부동산은 아파트, 빌라, 소형 주택 등의 소액 투자도 좋다. 단지 은행이 아닌 부동산을 활용하라는 말이다. 그래야 성공할 수 있다.

종잣돈을 모으는 최고의 방법은 적금이다. 종잣돈을 모을 때는 잃지 않는 투자를 해야 한다. 그러나 종잣돈을 활용하여 부자가 되기 위해서는 부동산 투자를 해야 한다. 거액을 모아 투자를 하라는 말이 아니다. 소액 투자부터 실천하라!

04

부동산 투자로
부자가 되는 막차에 올라타라

도전은 인생을 흥미롭게 만들며, 도전의 극복이 인생을 의미 있게 한다.
-조슈아 J. 마린

세상에는 두 부류가 있다

아직 늦지 않았다. 지금부터 시작하면 된다. 시작의 중요성을 강조하는 속담이 많다. '시작이 반이다.', '천 리 길도 한 걸음부터.'

시작이 얼마나 중요한지를 일깨워주는 속담이다. 신기하게도 시작이 어렵지, 일단 시작하면 일이 어떻게든 진행된다. 그럼에도 사람들은 여러 가지 이유로 시작하지 않고 머뭇거린다. 물론 모든 일의 시작에는 나름의 용기와 결단이 필요하다. 그것 때문인지 시작과 관련된 속담은 차고 넘친다.

부동산 투자도 시작이 중요하다. 부동산 투자의 시작은 종잣돈을 모으는 것부터 시작한다. 그리고 종잣돈을 모으면 어디에 투자할지 생각해야된다. 둘 다 어렵다. 부동산 투자가 어려운 사람은 종잣돈을 모으는 것이가장 어렵다고 한다. 그리고 어렵게 모은 종잣돈을 어디에 투자할지 결정하는 것도 쉽지 않다고 고백한다. 맞다. 전부 쉬운 일이 아니다. 그게어렵기 때문에 부동산 투자를 하고 있는 사람이 얼마 안 되는 것이다. 여러분 주변에 살펴봐라! 부동산 투자하는 사람이 많은가? 안 하는 사람이많은가? 내 주변에도 안 하는 사람이 훨씬 많다.

부동산 투자를 안 하는 사람의 두 가지 부류가 있다

첫째, 아직 투자의 필요성을 모르는 사람이다. 좋은 직장에 다니면서높은 연봉을 받기 때문에 투자에 대한 필요성을 못 느낀다. 지금 생활하는 데 전혀 지장이 없다. 특히 내 친구 중에는 공무원 친구가 많은데 한명 빼고는 투자를 하는 친구가 없다. 투자를 안 하는 친구에게 물어보면자기들도 할 말이 있단다. 겨우 집 한 채 사서 대출 이자 갚고 나면 생활비만 남는데 무슨 투자를 할 수 있냐는 것이다.

둘째, 투자가 두려워서 못 한다는 사람이다. 그런 사람들에게 나는 묻고 싶다. '도대체 여러분은 지금 집이 몇 채 있나요?' 두려워서 투자를 못하는 사람들은 집이 없다. 전세나 월세를 살고 있기 때문이다. 그럼 전국의 집값이 떨어지면 여러분 집만 떨어지는 것이 아니다. 세상 모든 집이 떨어진다. 그리고 오르면 다 같이 오른다. 물론 많이 떨어지고 많이 오르는 지역별 편차는 있을 수 있다. 그러나 부동산 상승기에는 너나 할 것 없이 다 오르는 것이다. 무엇이 두려운지 모르겠다. 집을 사지 않고 전세를 살 경우 물가 상승으로 인한 전세금 가치는 떨어지게 되어 있다. 전세를 산다고 하락장에서 웃을 일이 아닌 것이다.

'경제 위기'라는 단어가 범람하는 지금, 많은 사람들은 전세를 살거나 월급을 모아 적금을 드는 게 안정적인 투자라고 생각한다. 그러나 인플레이션의 위험과 공시지가의 상승을 감안할 때 부동산 투자만큼 안정적인 방법도 없다.

삶은 항상 먼저 벌을 준 후 교훈을 준다

나와 동 대학원에서 박사학위를 같이 받은 분이 있다. 그와 분야는 다르지만 졸업 후 내가 그의 가게를 알아봐주면서 친하게 되었다. 그는 우리나라 한우 전문가이다. 한우 고기에 대해서는 국내 1인자다. 한우에 대한 논문으로 처음 박사학위를 받은 사람일 것이다. 개인적으로도 물어봤지만 한우의 여러 부위를 섞어놓고 어디 부위인지 맞춰보라 해도 다 맞출 수 있다고 한다. 그는 젊었을 때 산전수전 다 겪으며 고기 장사를 했다. 장사가 잘되어 돈도 많이 벌었지만 친구에게 보증을 서서 많은 돈을 잃었다고 한다. 돈도 많이 빌려주고 외상도 많이 해줬는데 떼인 돈만 받아도 부자가 되었을 거라고 한다. 그런데 그는 이런 상황 속에서 마지막 이라는 각오로 10년 전 300평 정도의 땅을 샀는데 이게 약 7배나 오르면서 인생 역전을 할 수 있었다. 그는 지금도 한 번씩 힘들고 어려울 때 자기 땅의 흙을 보면 그렇게 기분이 좋아진다고 말했다.

사람들은 결국에는 돌고 돌아 부동산으로 돌아온다. 이때 용기가 필요하다. 현재의 나를 인정하며 빠른 대응이나 준비가 필요하다. 확실한 투자 물건이나 상품을 골라 분석하며 공부하는 것이 중요할 것이다. 누구나 잠재력은 갖고 있다. 하지만 생각으로 머물거나 실천하지 않는 행동은 아무 쓸모가 없다. '구슬이 서 말이라도 꿰어야 보배가 된다.' 구슬만 있고 연결시키지 않으면 돈이 안 된다는 것이다. 특히 부동산 투자는 정보의 공유와 지식의 습득을 투자하는 행위이다. 등기부등본에 여러분의 이름이 올라가야 되는 것이다.

나는 사실 부동산을 알게 된 이유가 아버지를 통해 투자한 아파트 분양권 때문이었다. 부동산에 대해 아무것도 몰랐던 27세 때 나는 아내와 필리핀에서 여행사 일을 하고 있었다. 그런데 아버지가 결혼 후 아파트가 필요할 것이라고 동래구에 있는 모 아파트 분양권을 소개해줬다. 앞으로 2년 뒤에 입주 예정이라 계약금 5%만 내면 아파트 입주권을 받을 수 있다고 했다. 그래서 약 1,500만 원을 투자했다. 시간이 지나 안 사실이지만 이 아파트는 주상복합에 38층 중 10층이었다. 아직도 생생하게 기억한다. 108동 1004호였다. 거실도 북향이었다. 그래서 미분양 물건으로 남아 있었고 입주 시기에 잔금을 치를 수 없던 나는 계약금 1,500만 원과 부동산 중개 수수료 200만 원을 주면서까지 결국 분양권을 정리했었다. 그 당시 나는 소개해준 아버지도 미웠고 부동산 공부도 없이 투자했던 자신이 더 원망스러웠다. 나는 그때부터 부동산 공부를 시작했던 것 같다. 한국에서 재테크 책을 사서 필리핀에서 읽었다. 처음에는 부동산 '부'자도 싫었지만 앞으로 다시는 이런 일이 생기지 않으려면 내가 공부를 해야겠다고 결심한 것이다.

사람들은 쉽게 돈을 버는 것을 바라지만, 삶은 항상 벌을 준 후 교훈을 준다. 결코 쉽게 돈을 벌게 하지 않는다. 항상 준비된 자가 많은 것을 가져가며, 기회에 대한 비용을 잘 선택해야 한 단계 올라갈 수 있다. 완벽하게 준비할 필요도 없고, 때로는 적당함이 필요할 때도 있고, 과감한 투자나 공격적인 방식으로도 수익을 거둘 수 있다. 어떤 물건이냐에 따라 결과는 다르며, 가장 중요한 수급 상황과 정부 정책이나 관련 동향, 투자가 목적인지, 실거주를 위한 투자 목적인지, 구분하는 것이 중요하다. '소문에 사서 뉴스에 팔라.'는 투자 격언도 있다.

언론을 너무 믿어서도 안 된다. 내가 직접 보고 발품을 판 것이 가장 정확한 정보가 된다. 다른 것은 절대 믿어서는 안 된다. 오직 자신만 믿어야 된다. 정보의 진위를 모른다면 관련 전문가에게 물어보고 다양한 해석이나 전망을 참고해서 여러분이 결정하는 것이다. 여러분의 것이기 때문에 여러분이 책임을 져야 한다.

부자가 되는 길은 어렵고도 험하다. 좋은 정보를 가진 사람이 무조건 성공하는 것도 아니다. 시대의 흐름에 편승하면서도, 혹시 모를 위기에 차선책을 준비해야 한다. 다양한 종류의 부동산에 대한 공부와 실전 투자 경험이 중요하다. 특히 정부 정책의 방향과 전망에 대한 정확한 이해는 부동산 투자의 핵심이다. 그리고 부동산 정보나 규제 현황, 개발 지역의 미래 도시계획 등 전반적인 관점에서 접근하는 것이 중요하다. 즉 이론과 실무의 조화를 이루어야 실패를 최소화하며 소액이라도 성공하는 부동산 투자로 이어질 수 있는 것이다.

아직 늦지 않았다. 부동산 투자로 부자가 되는 막차에 올라타라! 여전히 부동산 시장은 우리에게 절대적인 재테크 방법이며, 앞으로도 계속 유효할 것이다. 최대한 손해를 막는 것, 이윤을 얻는 것보다 더 중요한 접근법이다. 여기에 자신이 감당할 수 있는 범위 내에서 투자를 하고 수익을 얻는다면, 머지않아 당신은 부자가 되어 있을 것이다.

투자 핵심 요약
04 이제 부동산 투자로 부자가 되라!

세상에는 부동산 투자를 하는 사람과 하지 않는 사람이 있다. 결국 부자가 된 사람은 부동산 투자를 통해 부를 축적했다. 소액이라도 부동산 투자를 통해 부자가 되는 막차에 올라타기 바란다.

05

돈이 저절로 불어나는 시스템을 만들어라

우리는 받아서 삶을 꾸려나가고 주면서 인생을 꾸며나간다.
−윈스턴 처칠(영국의 정치인)

경제적 자유를 꿈꾸기 위해서는 월세 통장이 필요하다.

옛말에 '사람 나고 돈 났지 돈 나고 사람 났냐.'라는 말이 있다. 돈이 아무리 좋아도 사람이 더 중요하다는 이야기다. 여러분은 가끔 이런 생각을 하지 않은가? 일하지 않아도 매달 월급이 입금된다면, 월급으로 잘 먹고 잘살고 있는데 자산 또한 저절로 불어나고 있다면 평생 돈 걱정 없이 여유롭게 살 수 있을 것이다. 그것이야말로 진정한 경제적 자유인이다. 하지만 많은 사람들이 자신은 경제적 자유를 누릴 가능성이 없다고 시작도 하기 전에 포기해버린다. 그래서 대부분의 사람은 부자가 아니니까 부자들을 시기질투하며 정부의 부동산 규제 정책을 지지하고 목소리를 높인다. 그리고 집 주인에게 월세를 내며 살아간다.

『나는 오늘도 경제적 자유를 꿈꾼다』의 저자 청울림(유대열)의 시작은 평범한 회사원이었다. 그러다가 '내가 주인인 삶을 살겠노라.'며 호기롭게 사표를 던지고 나왔다. 가장으로 네 가족 생활비는 꼬박꼬박 나가는데 월급은 끊긴 상황이 몇 개월 지속되자 숨 막히는 불안감이 삶을 지배했다. 그러던 중 우연히 월세 목적 부동산 투자를 접하고 월세 투자를 해보기로 결심한다. 고정 수익이 조금이라도 생기면 불안감이 줄어들 것 같았기 때문이다.

시세 차익을 노리고 투자하는 사람들과 달리, 그는 철저히 월세만을 목표로 했다. 다른 투자자들은 거들떠보지 않는 물건도 매월 10~20만 원이라도 수익이 나면 그의 투자 대상이었다. 그 물건을 매매하기 위해 전라도, 경상도 지역을 가리지 않고 몇 차례 오갔다. 그러다 보니 투자 수익률을 높이는 방법에 주목하게 되었다. '무조건 쌀 때 싸게 사야 한다.'는 자신만의 원칙을 지키기 위해 전국의 수요와 공급 데이터를 항상 달달 외우고, 빌라, 주택, 아파트, 상가를 가리지 않고 급매, 공매, 경매, 특수경매 등 모든 방법을 활용했다. 10만 원짜리 월세를 10개 만들면 100만 원이 된다. 더 많이 찾고 더 많이 시도하는 것이 그의 초기 투자법이었다. 월세 10만 원은 월급쟁이도 누구나 마음만 먹으면 시도해볼 수 있는 규모다.

월급이 끊겼다는 절박함, 할 수 있다는 신념, 끝까지 물고 늘어지는 끈기, 남의 말이 아닌 본인의 판단으로 밀고 나가는 뚝심, 치밀한 공부로 남들이 보지 못한 것들을 꿰뚫는 분석력 등 모든 어려움과 자신만의 강점을 에너지로 활용했다. 그리고 3년 만에 월 1,000만 원 월세 시스템을 구축했다. 월 고정 수익의 힘은 정말 강력해서, 퇴사할 때 목표로 하던 '진정한 나로 사는 삶'인 경제적 자유의 삶을 누리게 되었다.

사람들은 내 강의가 끝나면 항상 자기가 투자할 물건을 가지고 와서 묻는다. "여기 부동산에 투자하려고 하는데 투자해도 될까요?" 내가 알고 있고 투자를 해본 부동산이면 아낌없이 답하지만 내가 잘 모르는 지역은 답해줄 수가 없다. 질문한 사람이 전문가이다. 왜냐하면 자신이 투자를 해야겠다고 한 물건은 자기가 제일 잘 알기 때문이다. 그런데 투자를 하려니까 두려운 것이다. 그래서 강사에게 물어봐서 자문을 구한다. 내가 사지 말라고 해도 그들은 투자를 한다. 그러나 투자해도 되는 물건이라고 자문하면 자신감이 생긴다.

나도 투자 초기에는 누군가 "이거 투자하고 저거는 지금 아니고 내년에 사라."고 말해주면 좋겠다는 생각을 했다. 그런데 지금도 투자를 할 때면 여전히 두렵다. 부동산 투자가 은행 적금은 아니기 때문이다.

가장 쉽게 접근할 수 있는 투자는 소액 월세 투자다

실전 투자자인 나는 부동산 투자에 늘 적기는 없다고 말한다. 부동산 가격이 오르든 내리든 상관없이 사야 될 때가 있고 팔아야 될 때가 있는 것이다. 나는 부동산 투자를 할 때 항상 머릿속에 최악의 과정을 그려본 다. 그래서 최악의 과정이 된다고 해도 감당할 자신이 있으면 진행한다. 그러면 경기가 변동이 되고 정책이 바뀌더라도 살아날 구멍이 있다.

다만, 머릿속에 가장 안 좋은 시나리오만 그리는 게 아니라 투자 데이 터도 참고한다. 특히 공급 물량, 아파트 거래량, 매매가 대비 전세가 비율, 물가 상승률, 금리, 통화량, 소득 등의 나만의 데이터를 분석한다. 그리고 이런 데이터를 바탕으로 나만의 투자를 결정한다. 그리고 임장을 통해 매수할 물건을 확인한 후 가격 협상을 통해 투자하게 된다.

부동산 경기가 좋지 않은 지금의 부동산 시장은 시세 차익을 목표로 투자를 시작하기에는 안 좋은 시장 환경일 수 있다. 하지만 나는 다르게 생각한다. 모아둔 돈이 없을수록, 부동산 시장이 어려울수록 임대 수익을 일으키는 투자에 주목해야 한다. 그중에서도 초보자가 가장 쉽게 접근할 수 있는 것이 소액 월세 투자다. 앞에서도 말했지만 20평대, 매매가 1억 원 전후, 방 3개 있는 소형 주택에 투자하면 된다. 즉, 소형 아파트, 빌라, 맨션들의 주택 말이다. 월세 투자는 시세 차익을 남기는 투자보다 덜 위험하다. 왜냐하면 시장이 떨어질 때도 원래 목적인 월세가 나오기 때문에 흔들림 없이 기다릴 수 있다. 만약 시장이 상승하면 시세 차익까지 얻을 수 있어서, 두 마리 토끼를 잡을 수 있다. 이런 월세 통장을 만들어서 돈이 저절로 불어나는 시스템을 만들어놓는다면 행복한 생활을 영위할 수 있다.

부동산 경기가 좋은 시기의 투자는 조금 다르다. 물론 종잣돈이 부족한 투자자들은 투자금을 최소한으로 줄이기 위한 물건을 찾기 위해 노력해야 한다. 그것은 매매가 대비 전세가율이 높은 단지를 선택하면 된다. 내가 투자할 물건을 찾는 노하우를 공개하겠다. 먼저 '조인스랜드 부동산' 사이트를 검색해서 시세 → 테마별 시세 검색 → 전세 비율이 높은 아파트를 이용하면 전국에 아파트의 면적, 건축년도, 가구 수, 전세 비율, 매매가, 전세가, 매물 유무 등을 알 수 있다. 내가 자주 사용하는 사이트이다. 초보들은 지방 구석구석을 돌아다녀도 그런 물건이 안 나올 수도 있다. 그러나 없는 것이 아니고 못 찾는 것이다. 반드시 있다. 매매가 대비 전세가율이 높은 소형 아파트에 투자하고 전세 기간까지 기다리면 전세가 오른 만큼 매매가는 더 올라가 있을 것이다.

돈이 저절로 불어나는 시스템을 만들기 위해서는 경기가 좋든 안 좋든 계속 투자를 해야 한다. 왜냐하면 언제 어떻게 부동산 흐름이 흘러갈지를 모르기 때문이다. 그래서 부동산 투자가 늘어날수록 시세 차익과 월세 수입이 증가하면서 여러분의 재산이 저절로 불어나게 될 것이다.

석유 재벌, 사회사업가 록펠러는 이런 말을 했다. "진정으로 부유해지고 싶다면 소유하고 있는 돈이 돈을 벌어다줄 수 있게 하라. 개인적으로 일해서 벌어들일 수 있는 돈은 돈이 벌어다주는 돈에 비하면 지극히 적다."

록펠러의 말처럼 부자가 되려면 돈이 돈을 벌어오게 해야 한다. 돈이 돈을 벌어들이기 위한 첫 단추는 종잣돈 마련이다. 종잣돈이 마련되지 않으면 아무리 좋은 기회가 오더라도 투자를 할 수 없다. 종잣돈을 마련하는 길은 부모나 배우자가 부자가 아니면, 또는 할아버지나 할머니가 부자가 아니면 절약을 통해 모으는 것 외에 달리 길이 없다. 조금 삭막하게 들릴지 모르지만 자본주의 사회에서 대부분의 문제는 돈으로 해결할 수 있는 것이 많다. 사실 이혼이나 부부 갈등 등의 문제를 깊이 들여다보면 돈 문제인 경우가 허다하다. 물론 성격 차이로 이혼한다고 상투적인 변명을 하지만 결국은 돈 때문이다.

돈은 이런 문제를 사전에 막을 수 있는 안전판 역할을 한다. 돈에 대한 이중적 태도보다는 돈이 가진 힘의 실체를 제대로 이해하는 자세가 필요하다.

늘 경제적 자유를 꿈꾸지만 일에 바빠서, 두려워서, 돈이 없어서, 아직 투자를 망설이고 있는 사람들에게 말하고 싶다. 제2의 월급 통장과 시세 차익의 두 마리 토끼를 잡을 수 있는 부동산 투자 시스템을 하루 빨리 만들기 바란다. 시간은 아무도 기다려주지 않는다.

투자 핵심 요약
05 하루 빨리 부동산 투자 시스템을 가져라!

돈이 저절로 불어나는 월세 통장을 만들 수 있는 부동산 소액 투자를 실천하라! 부자가 되려면 돈이 돈을 벌어오게 해야 한다. 그러면 머지않아 경제 자유인이 될 것이다. 문제는 투자에 대한 실천이다.

06

부동산 투자! 당신도 충분히 할 수 있다

자신이 하는 일을 잘 알고 투자하면 도박이 아니다.
그러나 돈을 투자하고 기도만 하는 것은 도박이다.
─『부자 아빠의 투자 가이드』 중에서

학교에서 부자가 되는 방법을 가르쳐주지 않는다

돈을 싫어하는 사람은 없다. 너무 좋아해서 탈이다. 서로 이 돈을 가지려고 싸우고 때리고 때로는 사람을 죽이기까지 한다. 무서운 세상인 것이다. 그런 사람들은 돈을 많이 가지려고 하는데 돈을 많이 갖는 방법을 모른다. 배는 고픈데 밥 먹는 방법을 모른다고 하면 얼마나 답답할까? 나이 드신 할아버지와 할머니들이 돈을 모르거나 싫어하면 치매가 왔다고 할 수 있다. 예전에 돌아가신 우리 할머니도 80세가 되어서도 총명하셨는데 82세가 되니 돈을 못 알아보셨다. 용돈을 드려도 돈을 함부로 두셨다. 그만큼 돈은 중요하기 때문에 이것을 모른다고 하면 이상한 것이다.

그렇다면 돈이 뭘까? 물건을 살 때도 돈이 필요하고 병원에 갈 때도 돈이 필요하다. 돈은 일상생활에서 불가분의 관계에 있다. 돈이 많으면 부자고 돈이 없으면 서민이다. 모든 것을 돈으로 판단할 수 있게 된 세상에 살고 있다는 사실을 증명해준다.

그렇다면 어떻게 해서 부자들은 돈이 많고 서민들은 돈이 없는 것일까?

부모한테 물려받아서 부자일 수도 있고 그렇지 않아서 서민일 수도 있다. 옛날에도 가난은 나라의 임금도 구제할 수 없다고 하지 않았는가? 그런데 가난하다고 해서 자식들까지 대물림하여 가난하게 살아야 하는 법은 없다. 그렇다면 부자들은 어떻게 돈이 많아진 것일까? 나는 '돈을 쓸 줄 아는 차이'라는 생각이 들었다. 돈을 쓸 줄 모르고 모으기만 할 줄 안다면 부자가 될 수 없다. 하지만 돈을 언제 어떻게 써야 하는 줄 아는 사람은 부자가 될 가능성이 있다. 즉, 투자를 잘하기 때문이다. 사람은 누구나 돈을 벌 때와 돈을 쓸 때를 알아야 한다. 내가 돈을 투자한 것을 기다릴 줄도 알아야 하고 어느 정도 수익이 났으면 회수할 줄도 알아야 한다는 말이다. 앞에서도 말했듯이 돈이 많아야 부자가 되는 것은 아니다. 적은 돈으로도 어떻게 쓰느냐에 따라 부자가 될 수 있다. 쉽게 말하면 모르는 것은 죄가 아니니 모르면 배우라는 말처럼 투자를 해야겠다는 확신이 들 때 하면 된다는 것이다. 옛날 광고가 생각난다.

'배움의 고통은 잠시지만 못 배운 고통은 영원하다.'

학교 다닐 때에 우리는 국어, 수학, 영어 등의 과목은 열심히 공부를 했다. 그러나 어떻게 투자를 하고 어떻게 돈을 모으고 어떻게 써야 하는지에 대해서는 배우지 않았다. 다만 아껴 쓰고 저축하는 어린이들은 상을 주며 칭찬해 줬다. 그때와 지금은 은행 금리도 다르지만 세상이 많이 바뀌었다. 아껴 쓰고 저축하면 그냥 밥만 먹고 살 수 있다. 요즘은 저축만 한다고 해서 부자가 될 수는 없다. 왜 그럴까? 물가 상승으로 인한 화폐의 가치 하락 때문이다.

예전에는 버스를 탈 때 500원만 내면 탈 수 있었다. 그러나 지금은 2,000원을 내야 탈 수 있다. 버스는 그대로인데 물가가 오르면서 돈의 가치가 떨어졌기 때문이다. 이런 현상이 올해만 일어나고 멈추는 것이라면 문제가 될 수 없다. 계속 물가는 상승하게 되어 있다. 이것은 경제 원리이고 세상 이치인 것이다. 그리고 최근 최저임금 인상이 상승되면서 물가는 더 높아질 가능성이 커졌다.

투자는 과거의 가치가 아닌 미래의 가치를 사는 것이다

그렇다면 부동산은 어떨까? 부동산은 큰 변수가 없는 한 물가 상승분만큼 오르게 되어 있다. 그리고 미래 가치가 좋은 곳에 미리 투자해놓으면 큰 수익도 기대할 수 있다. 먼저 곰곰이 내 자신의 미래에 대해 그려봐야 한다. 내 미래는 어떨까? 돈이 많을수록 사람들은 행복하다고 생각한다. 그것은 돈만 있으면 무엇이든 할 수 있다고 생각하고 돈을 싫어하는 사람이 없다는 것이다. 따라서 5년, 10년이 지난 나의 모습을 상상한다면 무엇에 투자해야 하는지 답이 나올 것이다.

투자는 미래 가치를 사는 것이다. 여러분의 미래는 어떠한가? 5년, 10년 후 좋은 그림이 그려지는가? 좋은 그림을 그릴 수 있는 사람은 행복하다. 그러나 대부분의 사람은 그림이 잘 그려지지 않거나 아예 그림 그리기를 포기하는 사람도 많을 것이다.

요즘 우스운 소리로 많은 엄마들이 아이를 낳으면 아인슈타인우유를 먹이고, 초등학교 들어가면 서울우유를 먹이고 초등학교 고학년이 되면 연세우유로 바꾸고, 중학교에 올라가면 튼튼우유로 바꾼다고 한다. 그저 건강하게만 자랐으면 좋겠다는 뜻이다.

나는 어릴 때 꿈이 대통령이었다. 어릴 때였기 때문에 초등학교 6학년까지 그런 꿈을 꿨다. 그러나 중학교에 올라와서 첫 중간고사를 치고 충격을 받았다. 나는 초등학교 때 반장도 하고 공부를 아주 잘하는 학생인 줄 알았는데 그게 아니었던 것이다. 나는 항상 반에서 10등 전후를 했고 고등학교 때도 변함이 없었다. 그냥 평범한 학생이었다. 그래서 대학도 평범하게 다녔다. 학창 시절은 평범한 생활을 했지만 군 제대 후 나의 미래 모습이 그려지지가 않았다. 왜냐하면 나는 공대를 다녔는데 나의 적성과 너무나 맞지 않았던 것이다. 그래서 나는 다시 수능시험을 쳐서 내가 다니고 싶은 대학에 갔고 외국 생활도 할 수 있었다. 그리고 우리나라에서 부자가 되기 위해서는 부동산 투자만이 살 길이라는 것을 미리 깨닫고 부동산 공부를 열심히 했다. 그리고 종잣돈이 모일 때마다 소액 투자를 했으며 지금은 많지는 않지만 월세 통장도 가지고 있다.

그러나 많은 직장인들은 꿈을 포기하고 살아간다. 많은 직장인은 똑같은 생활을 반복하면서 꿈을 꾸지 못하고 그냥 사는 것이다. 그런데 월급이 꼬박꼬박 나오는 안정적인 생활을 할 때가 부동산에 투자할 수 있는 가장 좋은 기회다. 조금만 더 노력하면 된다. 직장을 마치고 부동산 재테크 강의를 들으면서 자신과 비슷한 처지의 친구를 만나면 된다. 왜냐하면 친구가 있으면 서로 외롭지 않기 때문이다. 혼자하면 심심하고 재미가 없지만 같은 목표를 가진 동료는 큰 힘이 된다. 더 친해지면 같이 임장도 다니고 투자도 하면서 서로의 약점을 보완해줄 수 있다. 나도 처음 경매학원에 다니며 거기서 만난 형, 동생들과 친하게 지냈다. 물론 지금까지 연락하는 사이는 아니지만 그때는 서로 의지하고 정보도 교류하면서 도움을 많이 받았다. 그때 같이 공부했던 사람들 중에는 재테크 강사나 큰 부자가 된 사람도 많다. 그때 나도 직장에 다니고 있을 때니까 여러분도 조금만 고생하면 부동산 공부를 할 수 있다.

직장 생활 때문에 도저히 시간이 안 되는 분은 부동산 재테크 관련 책을 사서 보면 된다. 처음 시작은 너무 어려운 책보다는 쉬운 책을 선택하는 것이 좋다. 용어도 모르면서 부동산 공법 책부터 펼치면 돈을 벌기 전에 흥미를 잃게 된다. 부동산 초보에서 어떻게 부자가 되었는지에 대한 책을 먼저 보면 된다. 그 책의 저자도 초보일 때가 있었고 그 내용이 여러분에게 강한 동기부여가 될 수 있다. 책을 읽으면서 신문도 같이 봐야 된다. 정치·경제·사회·문화 등의 전체적인 숲도 알아야 된다. 내가 투자할 분야의 나무만 보면 전체적인 흐름을 놓칠 수 있다. 부동산 투자, 당신도 충분히 할 수 있다.

투자 핵심 요약
06 부동산 투자! 누구나 할 수 있다

부자가 되는 방법은 학교에서 가르쳐주지 않는다. 책을 통해 배워야 한다. 여러분 주변에 부자가 있으면 그를 통해 배우면 된다. 무엇을 하는지 보다 누구를 만나는지가 더 중요하다. 그리고 언제 만나는지도 중요하다.

초보 투자자를 위한 부동산 투자법

1. 투자의 시작은 종잣돈을 모으는 것부터 시작하라.

2. 20평, 1억 전후, 리모델링, 전·월세를 통한 투자를 하라.

3. 2년 또는 4년 임대 후 매매해라.

4. 투자 시 미래 가치가 있는 곳을 노려라.

5. 많이 떨어진 곳에 투자하라.

6. 입주 물량을 반드시 체크해라.

07

기회가 있는 지금, 과감히 행동하라

우리 시대의 문제는 미래가 예전의 미래와 다르다는 것이다.
—폴 발레리(프랑스의 시인, 사상가)

떨어진 곳은 반드시 오른다

문재인 정부의 부동산 규제 정책으로 인해 전국적으로 부동산 가격이 하향 안정세를 지속하고 있다. 그럼 부자들은 지금 어떻게 하고 있을까? 부동산 시장은 끝났다고 투자를 포기하고 있을까? 아니다. 부자들은 지금이 가장 바쁘다. 왜냐하면 지금이 가장 저렴하게 부동산을 살 수 있기 때문이다. 지금이 기회인 것이다. 부자들은 항상 마음속에 '떨어진 곳은 반드시 오른다.'라는 생각을 갖고 있다. 이미 IMF 국가부도 사태와 미국 서브프라임 경제 위기도 경험해봤다.

부동산 투자를 고민해야 하는 가장 중요한 이유는 우리나라가 지금 저금리 · 저성장 시대에 접어들었기 때문이다. 과거 7%대 이상 성장할 때는 금리도 높아 예금으로도 충분히 노후 준비가 가능했다. 그러나 2~3% 저성장 시대인 지금은 금리도 1%대로 내려간 상황이다. 확실히 투자 전략을 다시 짜야 한다. 한때 '10억 만들기' 열풍이 불었다. 그 당시에는 6%대 금리여서 10억 원만 있어도 연간 6,000만 원 수익(이자소득세 15.4%는 제외한다)이 가능했지만, 이제는 30억 원을 가지고도 연간 6,000만 원 이자 수익을 낼 수가 없다. 자산이 아주 많은 사람이나 소득이 안정적으로 계속 발생하는 사람은 포트폴리오 차원에서 정기예금을 넣어두는 것이 의미가 있다. 그러나 일반 대다수 직장인은 정기예금만 의지해서는 자산 증식이나 노후 준비가 부족할 수 있다. 따라서 나는 그 대안으로 부동산 투자를 권유하고 싶다.

가령 연간 6% 임대 수익이 나오는 상가를 10억 원에 구입한다면 연간 6,000만 원이라는 수익을 창출할 수 있다. 역세권 유동인구 많은 입지의 상가라면 매각 차익도 기대할 수 있고, 임대료가 올라 수익도 늘어날 수 있어 일석이조의 상품이라고 할 수 있다. KB국민은행 자산관리 솔루션에 의하면 부부가 60세 은퇴 후 필요한 최소한의 생활비는 250만 원이고, 어느 정도 여가를 즐기면서 생활하려면 월 300~400만 원이 필요하다고 한다. 하지만 요즘 결혼은 30대 중반이나 30대 후반 정도에 결혼을 하는데, 결혼 연령이 늦어져 자식 뒷바라지 기간이 늘어난 사람들은 이 금액이 턱없이 부족할 것이다.

나도 올해 우리나라 나이로 42세에 막내아들이 이제 5세이다. 그럼 나는 최소한 막내가 20세가 되는 대학생 때까지는 학비를 벌어야 한다. 그것뿐이겠는가? 군 제대 후에도 직장을 잡기까지 계속 학비와 용돈을 줘야 한다. 그래서 나는 부동산 투자로 자산 증식과 노후 준비를 계속하고 있는 것이다. 그리고 월세 통장을 받을 수 있는 부동산에 투자하고 있다.

위기가 기회다. 남과 같아서는 남 이상이 될 수 없다

그럼 부동산을 투자하기 좋은 시점은 부동산 가격이 계속 오르고 있는 부동산 상승기일까? 아니면 부동산 가격이 많이 떨어진 기회가 있는 지금일까? 나는 과감히 바로 지금이라고 강조하고 싶다. 왜냐하면 지금 부동산 경기가 좋지 않기 때문이다. 예전 가격보다 적게는 10%에서 많게는 30% 이상 저렴한 부동산을 살 수 있다. 2019년 현재 부동산 시장이 가장 안 좋은 곳 중 하나가 경상남도. 지금 경상남도는 미분양 물량이 전국에서 가장 많은 1만 4,000세대나 된다. 입주 후 미분양도 계속 증가하고 있다. 예를 들면 창원의 30평대 아파트가 예전에 4억 원이었는데 지금은 3억 정도에 살 수 있다. 열심히 발품을 팔면 더 좋은 물건도 찾을 수 있다. 그런데 왜 경상남도에서 가격이 계속 하락할까? 나는 입주 물량이 많은 올해를 지나고 나면 입주 물량이 확 줄어드는 2020년부터 하락세가 멈추고 창원 일부 지역에서는 상승세로 돌아설 수 있다고 생각한다.

그 이유는 두 가지다.

첫째, 경남 지역 부동산에 최근 몇 년간 입주 물량이 너무 많아 과잉 공급으로 인한 수급 불균형이 나타난 것이 가장 큰 원인이었다. 그러나 2020년부터 입주 물량이 급격히 줄어들면서 과잉 공급에 대한 불균형이 사라질 것이다. 매년 필요로 하는 입주 물량은 항상 있다. 따라서 공급이 많이 줄어들면 전세 가격과 매매 가격에도 영향을 미치게 된다. 결국 부동산 가격은 수요와 공급에 의해서 가격이 결정될 수밖에 없다.

둘째, 창원은 조선 산업의 메카라고 불리는 산업도시로 급격하게 성장했다. 그러나 요즘 조선 경기 불황이 전체 산업에 영향을 미치게 되면서 거제도와 마찬가지로 도시 경쟁력을 잃어가고 있다. 그러나 작년부터 조선업 시장의 변화가 곳곳에서 들려오고 있다. 작년 우리나라 조선업은 중국을 제치고 1위를 차지했다. 수주를 많이 하면서 지금 많은 크고 작은 배들이 설계에 들어갔다. 보통 설계 후 1년 정도 시간이 걸리기 때문에 2019년 하반기부터 경기가 살아날 가능성이 크다. 거제도 조선소에게 감리 역할을 하는 친구가 있는데, 그의 말로도 작년에는 일하는 날보다 노는 날이 많았는데 최근에는 일하는 날이 많아졌다고 한다. 본격적인 일이 시작되는 올 하반기에는 직원을 다시 채용해야 한다고 하는데, 그러면 조선 관련 산업은 예전의 화려했던 시절로 바로 돌아가기는 어려워도 조금씩 좋아질 가능성이 높다.

여러분, 지금 내가 언급한 부동산 투자를 하기 좋은 창원 같은 지역은 다른 지역에도 너무나 많다.

우리나라 국토 면적은 100,363㎢이며 세계 109위로 아주 작은 나라다. 인구는 약 5,100만 명으로 세계27위다. 땅 크기는 109위, 인구는 27위이다. 땅 크기는 작은데 인구는 많은, 즉 수급 불균형이다. 우리나라는 인구밀도가 세계에서 22위다. 그러나 인구 1,000만 이상 되는 나라에서는 방글라데시와 대만에 이어 전 세계 3번째로 높은 나라다. 이렇게 좁은 땅덩어리에 산이 약 70%을 차지하고 농지(논, 밭, 과수원)가 약 20%를 차지한다. 그럼 우리가 살고 있는 건물을 지을 수 있는 땅인 대지는 불과 3%밖에 되지 않는다. 아파트나 빌라, 상가 건물을 지을 수 있는 땅은 너무나 작다는 것이다. 그래서 나는 우리나라는 땅값이 떨어지지 않을 것이라고 확신한다. 또한 그것이 부동산이 계속 상승할 것이라고 믿는 이유이기도 하다.

우리나라는 국토가 작을 뿐 아니라 건물을 지을 수 있는 땅도 작기 때문에 땅값이 계속 올라가는 것이다. 건물이 오래되어 안정상 문제가 생기면 재개발·재건축을 통해 노후된 주택을 허물고 새로 짓는 것은 건물을 지을 수 있는 땅이 부족하기 때문이다. 땅만 넓으면 바로 옆에 새롭게 지으면 되지, 기존에 살고 있는 사람을 억지고 이주시킬 필요가 없는 것이다. 재개발 · 재건축을 하는 것도 결국은 땅이 부족하기 때문이다.

부자들은 우리나라 부동산의 특징을 정확히 알고 있다. 언제 얼마의 금액으로 사면 최소한 손해는 보지 않을 것이라는 것을 말이다. '부동산 경기가 좋지 않으면 부자들은 웃고 서민들은 운다.'라는 말이 있다. 사실 부동산 정책은 정부의 규제 정책만으로 효과를 장담할 순 없다. 일시적인 효과는 나타나겠지만 결국은 부동산도 재화이다. 재화의 가격은 수요와 공급에 있다는 아주 보편적인 진리를 빨리 깨우쳐야 된다. 거기에 양념을 더해 물가, 금리, 환율, 개발 계획, 전세가 등의 추가적인 변수에 대한 데이터를 분석하고 투자하는 데 적용할 수 있다면 여러분은 평생 부자로 살 수 있다.

지금 많은 사람들이 힘들다고 한다. '집이 있는 사람들은 집값이 내려가서 힘들다.'고 하고, '집이 없는 사람들은 집값이 많이 내려 전세 보증금을 못 돌려받을까 봐 힘들다.'고 한다. 최저임금이 오르니 자영업자들은 임금이 너무 올라 어려워서 사업을 접어야겠다고 하고, 임금이 올라 연봉이 높아진 근로자들도 물가가 많이 올라 어렵다고 한다.

하지만 '위기가 기회다.' 기회가 있는 지금, 과감히 행동하기 바란다.

투자 핵심 요약
07 늦었다고 생각할 때가 가장 빠르다

'떨어진 곳은 반드시 오른다.' '위기가 기회다.' '누너진 장에서 큰 수익이 나는 법이다.' 이것을 알고 실천하는 사람은 부자밖에 없다. 그래서 부자가 귀한 것이다. 기회가 있는 지금 과감히 행동하라!

소액 부동산 투자 팁

성공한 부자들의 습관

1. 새벽형 인간

2. 독서광(신문)

3. 약속

4. 선택과 집중

에필로그

부자와 빈자의 차이는 '생각의 차이'다!

먼저 아직 부족한 것이 많은 책을 끝까지 읽어주셔서 감사드린다. 이 책이 여러분의 생각을 많아지게 하거나 생각을 바꾸게 된 계기가 되었는지 궁금하다. 책을 마무리하면서 지난 10여 년간 부동산 투자를 했던 기억이 주마등처럼 흘러간다.

나는 20대 후반부터 실전 부동산 투자를 하고 있는 투자자다. 부동산 투자를 하면서 공인중개사와 주택관리사 시험에 합격했다. 그리고 부동산 공부를 체계적으로 하기 위해 부동산대학원에 입학했다. 석·박사를 졸업하고 지금은 대학교, 평생교육원, 경매학원, 기업체 등에서 강의를 하고 있다.

내가 부동산 투자 관련된 책을 쓴 이유는 거액의 투자로 일확천금을 노리는 투자를 하라는 게 아니다. 은행이 아닌 부동산으로 적금을 부으라는 이야기다.

이 세상에 부동산 관련 재테크 책은 너무나 많고 오늘도 새로운 책이 출판되고 있다. 그러나 너무나 평범한 한 사람이 부동산 투자를 하면서 공인중개사가 되고 부동산 박사가 되고 대학 교수가 되기까지 인생 스토리를 담은 부동산 투자 책은 없었던 것 같다.

세상에는 너무나 열심히 살지만 부자가 되지 못하는 사람이 많다. 부자가 되는 방법은 학교에서 가르쳐주지 않기 때문이다. 세상에서 가장 중요한 먹고사는 문제는 나라도 못 구해준다고 했다. 경제적 자유를 가지며 살아가는 경제 자유인은 누구나 바라는 삶이다. 그러나 누구는 부자가 되고 누구는 빈자로서 평생 살아야 하는 것이 너무나 안타까웠다. 물론 이 책을 읽는다고 바로 부자가 되지는 않는다. 그러나 부자가 되는 길이 멀리 떨어진 것이 아닌 여러분 가까이에 있다는 것을 조금이나마 공유하기 위해 이 책을 썼다.

부자의 생각과 빈자의 생각은 크게 다를 것 같지만 사실은 작은 차이다. 사회 현상을 보는 눈이 다른 것이다. 위기를 기회로 생각하는 사람은 부자지만, 위기를 위기로만 생각하는 사람은 빈자인 것이다. 부자는 미래를 보지만 빈자는 현재를 본다. 부자는 항상 꿈을 꾸지만 빈자는 항상 현실의 안위함을 바란다. 이렇듯 작은 생각의 차이가 부자와 빈자를 나누는 기준이 되는 것이다.

그러면 부자와 빈자의 생각의 차이는 무엇일까? 부자들은 나라가 망하지 않는 한, IMF는 금방 극복할 수 있다고 생각했다. 반대로 빈자들은 이제 부동산은 끝났다고 생각했다.

여러분은 어느 편에 서겠는가?

마지막으로 이 책을 쓸 수 있도록 도와주신 (주)한책협 김태광 대표님과 미다스북스 관계자들에게 감사드립니다. 그리고 제가 부동산 강의를 할 수 있도록 많은 기회를 주시고 추천의 글도 써주신 동의대 부동산대학원 강정규 원장님께 감사의 말씀을 전합니다. 또한 바쁘신 중에 추천의 글을 보내주신 부동산서베이 이영래 대표님과 부산텐인텐 장철민 대표님에게도 감사를 전합니다.

끝으로 무엇보다 부족한 저를 만나 고생하면서 아이를 셋이나 낳아준 사랑하는 아내 이소희에게 이 책을 바칩니다.